बहाव

मोहिनी भान पढ़रू

notionpress.com

INDIA • SINGAPORE • MALAYSIA

Made with ❤ on the Notion Press Platform
www.notionpress.com

पूर्णतया समर्पित

मैं यह कविता संग्रह अपने प्रियजनों को समर्पित करती हूँ, जो मेरे निकट हैं और जो मेरी पोहंच से दूर है।उनकी स्थायी उपस्थिति ने मेरे जीवन को विभिन्न भावनाओं से समृद्ध किया है, जो इन कविताओं के रूप में साकार हुई हैं।

सारांश

जीवन एक अनंत बहाव है, जिसमें भावनाओं का उदय और अस्त स्वाभाविक रूप से होता रहता है। इस निरंतर चलने वाले बहाव में हम सभी किसी न किसी रूप में बंधे हुए हैं—कर्तव्यों, जिम्मेदारियों, और उन अनगिनत भावनाओं से, जिन्हें शब्दों में पिरो पाना कभी-कभी असंभव सा प्रतीत होता है।

प्रकृति के अद्वितीय रहस्यों से प्रेरित होकर, मैंने अपने भीतर की उन अनकही भावनाओं को शब्दों में ढालने का प्रयास किया है, जो जीवन की जटिलताओं और मानवीय संबंधों की गहराई को उजागर करती हैं। इस पुस्तक के माध्यम से मैंने जीवन के विविध रंगों को संजोने की कोशिश की है—जीवन, जगत, सत्य, मिलन का सुख और वियोग का दुःख, ये सभी भावनाएं मेरी कविताओं में सजीव हो उठी हैं।

उगते हुए सूर्य की लालिमा जहां नए दिन की शुरुआत का संकेत देती है, वहीं ढलता हुआ सूर्य दिनभर के संघर्ष और श्रम की गाथा सुनाता है। रात्रि के अंधकार में समेटे हुए दुःख और पीड़ा, सुबह की किरणों के साथ नए आशा की ओर अग्रसर होते हैं।

ऋतुओं का चक्र जीवन के चार सोपानों—बचपन, जवानी, प्रौढ़ावस्था, और वृद्धावस्था—को सांकेतिक रूप में व्याख्यायित करता है। जैसे नदी का जल कहीं शांत, कहीं उफनता हुआ, और कहीं भंवर में फंसा हुआ होता है, वैसे ही जीवन

की परिस्थितियां भी पल-पल बदलती रहती हैं। साहिल से टकराती लहरें और फिर उनका पीछे हटना, जीवन की अनिश्चितताओं और संभावनाओं का प्रतीक हैं।

इस पुस्तक में मैंने अपनी भावनाओं को एक सूत्र में पिरोकर, एक माला के रूप में आपके समक्ष प्रस्तुत किया है। कविता के सार को जीवंत बनाने में मदद करने के लिए चित्रण मेरी बेटी सोनिया पढरू कौल द्वारा किया गया है।यह मेरा विनम्र प्रयास है, जिसे मैं आपके दिलों तक पहुंचाने की उम्मीद करती हूँ। जीवन की इस यात्रा में, इन कविताओं के माध्यम से आपको अपने अनुभवों का प्रतिबिंब अवश्य दिखाई देगा।

इसी अभिलाषा में,
मोहिनी भान पढ़रू

विषयसूची

1

मेरा अनुभव

बार-बार ख्याल आता है मेरे मन में
कितने कष्टों से संभाला हमने अपनी परछाई को
यह परछाई तो आखिर अंश है हमारा ही
ऊँगली पकड़कर चलना सिखाया है हमने
उन्हें संभालने के लिए गिरने का बहाना करते थे हम
कभी गिरते थे, कभी संभालते थे
चोट खाते थे वह, दर्द होता था हमें
उन्हें बोलना सिखाते-सिखाते खुद बोलना भूलते थे हम
उनकी तोतली भाषा में खुद तोतले बनते थे हम
कभी प्यार से, कभी गुस्से से हम उन्हें सिखाते थे
बस इसी चाह में कब वह आगे निकलेंगे हमसे
कभी हम भूल करते थे, फिर संभालते थे खुद को
जीना हमने सिखाया अपने ही अनुभव से
लगता कार्य कठिन है, फिर भी पार लगाया हर माँ-बाप ने
कर्तव्य निभाया अपना हर हाल में
अब समय आया माँ-बाप को सँभालने का
क्या संभाल पाएंगे हम उन्हें जो पहले ही संभले हैं
जिन्होंने हमें समझाया है, क्या वे हमसे समझ सकेंगे
जब उन्हें सहारे की ज़रूरत है, क्या हम उनका सहारा बनेंगे
चाहते हैं वे भी सहारा ऊँगली पकड़ने के बगैर
बाजू पकड़ना पड़ता है हमें, जिसे पकड़ना कठिन सा है
कहने को बच्चा और बुजुर्ग एक समान हैं

पर यह केवल कहने की ही बात है
समर्पण है बच्चों में जब वे होते हैं बच्चे
अहम होता है बुजुर्गों में गर वे होते हैं कितने ही असहाय
गर्व के साथ समर्पण करना कोई दुःख नहीं
गर दुःख है, वह है अपनों को दुखी करना
समर्पण को भूल से भी मजबूरी न समझना
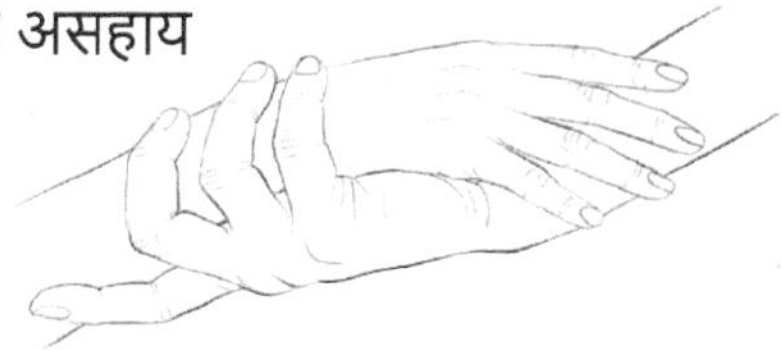
यह समर्पण नहीं है मजबूरी का, पर अहसान है हम जैसों पर
शक्ति है उनमें अभी भी अपने बल पर जीने की
खिलाड़ी हैं पुराने, खेल सकेंगे किसी भी मैदान में
बुजुर्गों का समर्पण, बच्चों का आदर
मिलजुल कर बनेगी नई परंपरा आगे के संस्कारों की

2

चाहत

तेरा खिलता हुआ चेहरा, बिखरते हुए घने बाल,
फैली हुई बाहें, कहां जा रहे हो तुम?
चेहरे की लाली से खिलता है सारा जहाँ,
उस पर तेरी यह मंद-मंद मुस्कान,
लगता है दूर कोई खड़ा है, जिससे मिलने जा रहे हो।
भुला कर खुद को भाग रहे हो तुम उसकी ओर,
पर यह माथे की शिकन किस ओर संकेत है?
क्या तुम थक गए हो कश्मकश से,
या घबरा गए दुनिया के रंगों से?
तेरे विश्वास को देखकर मेरी हिम्मत बढ़ रही है।
कैसे तुमने सागर को छोड़ कर आकाश को छूने की चाह रखी।
कभी तूने पीछे नहीं देखा, आगे ही बढ़ते गए।
कौन बिछड़ा, कौन मिल गया, इसकी तूने परवाह न की।
आखिर तू एक पानी का कतरा ही था,
बाप बन कर धूल में मिला दिया खुद को।
टकरा गए पर्वतों के साथ, छम-छम कर बरसने के लिये।
तुमने रिश्ते निभाए, रिश्तों को निभाने के लिये।
इसमें शिकवा ही क्या, तुम तो पैदा हुए इसी के लिये।
चाँद और तारे आसमान से ताक रहे हैं तुझको,
कब तुम थक कर पीछे हट जाओगे।
पर खड़ा है कोई तेरे पीछे हिम्मत और विश्वास लिये।
बढ़ता है तू इस कदर, चाँद और तारे छिप जाते हैं तेरे पीछे।

तेरे निस्वार्थ को देखकर शर्माता है सूरज भी।
ढकती है तुम उसको भी धरती पर बरसने के लिये।
इसलिए माथे की शिकन को भूल कर,
जितनी गहन घनघोर घटा में छा जाओगे तुम,
उतनी ही लहराएगी यह धरती।
तेरा मकसद है औरों को सुखी देखना,
अपने दुखों को भूल कर।
यही है तेरा कर्म, जो याद करेगी दुनिया।

3

विश्वास

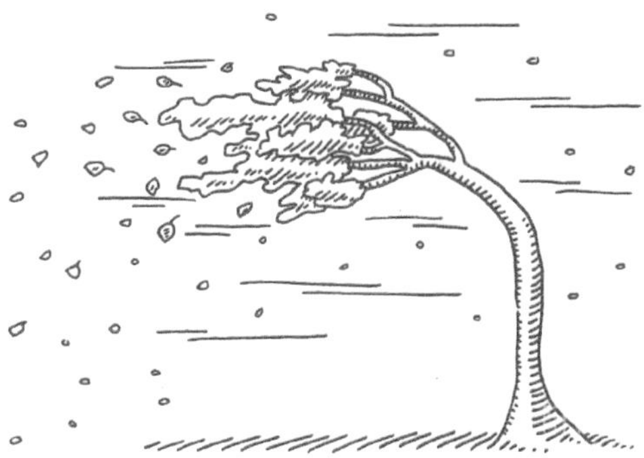

क्यों बैठे हो गुमसुम,
किस विचार में खोये हो?
जीवन के इस मज़दार में,
क्या सोच रहे अकेले हो?

तुमने दूसरों को जीना सिखाया,
आज क्यों घबराए हो तुम?
यह तो मज़दार है, कोई दलदल नहीं,
मज़दार से मंजिल पर पहुँचाना दुश्वार नहीं।

माना कि मंजिल दूर है पर दुर्लभ नहीं,
विश्वास रख उस ईश्वर पर,
जिसने तुम्हें जन्म दिया है।
कर्म करके अर्पित कर परमात्मा को,
वहीं तुम्हें सही मार्ग पर ले जाएंगे।

4

सच्चाई

कृपा है ईश की जिसने तुम्हें यह पल दिया,
आज तक जीये हो दूसरों के लिए,
अब जियो खुद के लिए।
अब अवसर आया है खुद को खुद में पहचानने का,
धन्य है उस भगवान का,
जिसने तुम्हें यह दिन दिखाया।
क्या करता था उस बंधन से,
जो सिर्फ पल दो पल का है।
आखिर तो अकेले हो, अकेले ही जाना है।
जितना जल्दी समझोगे, उतने ही तुम सयाने हो,
आखिर यही सच्चाई है, जिसे तुम्हें मानना है।
स्वयं को स्वयं से खोना नहीं चाहिए, चाहे सारी दुनिया खो जाए।
ईश्वर को खुद में ढूंढना है, यही असली कहानी है।
ईश्वर स्वयं में ही छुपा है, ढूंढो उसे यहीं कहीं है।
देर न करो, अब सांझ होने वाली है।
अगर आज भी न ढूंढ पाओगे, फिर तुम पछताओगे,
सायं और सवेरे में खो जाओगे।
हाथ कुछ न आयेगा, हाथ मलते रहोगे।

5

नारी

नारी, तुम नारायणी हो,
सरस्वती, लक्ष्मी, दुर्गा हो तुम।
ममता रूपी सागर हो तुम,
जननी हो तुम, प्रियता हो तुम।
बहन और बेटी हो तुम,
मर्यादा की मूलभूत हो तुम।
शक्ति का आधार हो तुम,
शान्ति का एक स्वरूप हो तुम।
साहस और विश्वास का मिश्रण हो तुम,
मोतियों की माला का धागा हो तुम।
कभी-कभी कठोर हो तुम,
पर ममता रूपी आंचल हो तुम।
धैर्य की एक मिसाल हो तुम,
शुद्ध आत्मा से उठी पुकार हो तुम।
हर समस्या का समाधान हो तुम,
हर मुसीबत का अन्त हो तुम।
कुदरत की अनमोल सौगात हो तुम,
नारी हो तुम, नारी बन कर ही रहना तुम।

6

कमल

तुझे देख कर याद आई
एक कमल की अद्‌त कहानी।
फर्क इतना है कि तुम ने जन्म लिया धरती पर,
कमल खिला है कीचड़ में से।
कैसे सींचा है कीचड़ ने कमल को,
मिसाल बना दिया उसे सारे जहाँ में।
खुद की नजरों से बचा कर, खुद को मिटा कर,
बुलंदियों पर पहुँचाया कमल को।
न कोई बगिया थी, न ही कोई माली,
फिर भी उबर आया उसका यह निर्मल रूप।
उसकी महिमा को देख कर देवता भी नतमस्तक रहे,
उसे प्रभु को चढ़ाने के बदले अपने नेत्र ही चढ़ा लिये।
क्या मान है उसकी, क्या शान है उसकी,
ज्ञानदाता ने धारण किया उसे अपने कर कमलों में।
कोई आज तक पैदा न कर सका उसे अपनी बगिया में,
उसका जन्मदाता वही कीचड़, जहाँ से उबर के आया है।
यह सीख है: ईश्वर चाहे तो कीचड़ में कमल खिलाता है।

7

आज का सच

इस पल को तुम हँस के जी लो
अगले पल का पता नहीं है
कल जो बीता, बीत गया वह
कल जो आएगा, पता नहीं
कल-कल में कभी नहीं फँसना
दोनों ही तेरे पास नहीं हैं
जो है वह तो आज ही है
इसी आज में तुम जीना सीखो
यह आज ही तो तेरे साथ रहेगा
कल ने तुमको छोड़ दिया
कल जो आएगा, छोड़के जाएगा
कल जो गया, वह आज का एक स्वप्न है
कल जो आएगा, वह एक कल्पना है
स्वप्न और कल्पना में क्यों खुद को खोना है
जीना है तो आज में जी लो, जो तेरा अपना है
दुःख का कारण तो कल है, जिसके पीछे हम भाग रहे हैं
आज तो सुख का सागर है, जिसे हम गवाते हैं
न यह कोई स्वप्न है, न ही कोई कल्पना
यही तो हकीकत है, जिसमें हमें जीना है
पूरा आज बीत जाता है कल-कल के विचार में
हाथ कुछ भी नहीं आता, साथ रहता है फिर भी आज

8

जीवन नैया

यह जीवन एक चलती हुई नैया है
इसको हर हाल में चलना ही है
चाहे पतवार का साथ मिले या न मिले
मंजिल तक पहुँचना है हर हाल में
माना अकेला रहना दुश्वार है
एकांत लगता अभिशाप है
इस अभिशाप को वरदान में बदलना
इंसान का ही कर्तव्य है
यह दुनिया एक कर्म स्थल है
जीवन तो कुदरत की देन है
जीना तब तक है जब तक कर्मों का भुगतान न हो
क्यों न इस एकांत में आत्मा को
परमात्मा से जोड़ने का प्रयास करें
माना यह बहुत ही कठिन है
परंतु प्रयत्न करना तो मुमकिन है
हमने कई कार्य किए जहांन को दिखाने के लिए
क्यों न अब कुछ करले स्वयं को स्वयं से मिलाने के लिए
साधन है, समय है, साथ में साहस भी
क्यों न यादों को यादगार बना कर
अपने जीवन को सफल बनाने का प्रयास करें
क्या पता कल यह अवस्था रहे या न रहे

9

प्रेम

प्रेम साधना है, तपस्या है, साथ में आशीर्वाद भी है।
ममता है, करुणा है, शांति है और त्याग की मिसाल है।
साहस से भरपूर है, साथ में हिम्मत भी है।
स्नेह है, एहसास से अपनापन का स्वाद है,
साथ में यह बहुत नाजुक भी है।
ज़रा सा हवा का झोंका भी आ जाए,
यह तो बिखर ही जाता है।
मान कब अपमान बन जाता है, पता ही नहीं चलता।
ममता, करुणा, शांति और त्याग सब भूल जाते हैं।
हिम्मत और साहस भी मानो कहीं छिप जाते हैं।
अहंकार अपना डेरा सजा कर बैठ जाता है।
यह नादान मन इस हकीकत से अनजान है।
यह तो माया है, हकीकत से बहुत दूर।
गर कुछ हकीकत है, वह बस तेरे कर्म हैं।
अपने कर्मों को हर हाल में प्रेम से निभाना,
वही तेरी असली पूंजी है, जो तेरे साथ रहेगी।
ज़रा सी नादानी कहीं तुम्हें मंजिल से दूर न ले जाए।
यह समय है खुद को खुद से मिलाने का,
इन सुनहरे पलों को हाथ से जाने नहीं देना।
पता नहीं कल कैसा होगा, यह स्मरण कब तक साथ रहेगा।
बहुत गई, थोड़ी सी रह गई—इन पलों को हाथ से जाने न देना।

10

कन्ध पुष्प

ऐ कन्द पुष्प, कितने सुंदर हो तुम!
तेरी यह सीधी, कदावर टहनी,
उस पर ये खिलती हुई पीली पत्तियां,
बीच में तेरा यह सुन्दर सा मुखड़ा,
उस पर यह प्यारी सी मुस्कान।
कुल मिलाकर, तुम तो यौवन की मिसाल हो।
कैसे झूम रहे थे तुम सीना तानकर,
झुक-झुक कर, मुड़-मुड़ कर निहारते हो खुद को।
आज मैं तुझको देख कर हैरान हूँ,
तेरा यह झुका हुआ सिर, उस पर फीकी सी मुस्कान।
किस ओर का है यह इशारा?
क्या तुम अकेले हो इस बगिया में, या किसी का इंतज़ार है?
माना तेरे हमसफ़र नहीं हैं तेरे साथ,
फिर भी कई साथी हैं तेरे इस क्यारी में।
इनके साथ भी कुछ समय जी कर तो देख,
कुदरत ने गर तुम्हें इनके साथ का चुनाव किया,
तो गर्व से सिर उठा कर जीना सीख।
कितना ही समय है बाकी आत्मा और परमात्मा के मिलन का,
सब उस ईश्वर की मर्जी है, जिसके सामने सिर झुकना है।
अपने कर्मों का भुगतान तो करना ही पड़ेगा,
जिसे भोगने को तुमने जन्म लिया है इस संसार में।

11

प्रेरणा

कितनी खुशी से मुस्कुराते हुए
झूम रहे थे तुम, लम्बे इंतजार के बाद,
आखिर बसंत ने दस्तक दी।
टूटी-फूटी टहनियां फिर उभर आईं,
चारों ओर हरियाली छाई हुई थी।
बाहें फैलाकर इंतजार था फूलों के आने का,
पर क्या पता था, नियति को कुछ और ही मंजूर था।
किसी कारणवश, परिस्थितियों को देखकर
तुम्हें अपने स्थान को छोड़कर
दूसरे स्थान पर स्थापित होना पड़ा।
दुःख हुआ था तुम्हें अपने जड़ों से अलग होकर,
मुरझा से गए तुम कुछ ही दिनों में,
तेरे पत्ते झड़ गए, फूलों को तुम भूल ही गए।
बस खुली आंखों से देख रहे थे अपने चारों ओर,
भूल गए थे अपने आप को,
जैसे तुमने बहार को कभी देखा ही नहीं था।
तेरे माली ने तुम्हारा पूरा-पूरा ध्यान रखा,
तुमने भी उसका मान रखा।
पत्तों से पहले कलियां निकलीं,
फूल भी भरपूर खिले।
यह प्रेरणा है हम सबों के लिए,
कब और कहां, कैसी-कैसी परिस्थितियों में

रहना पड़ता है इस संसार में।
मन का हमें ध्यान रखना है,
यह तो चंचल है, मचलता है बार-बार।
हमें परवाह करने वालों का मान रखना चाहिए,
जो हर हाल में संभालते हैं हमें।
सच मानिए, यह तो ईश्वर की ही कृपा है।

12

कागज के पन्ने

जिंदगी बीत गई कागज के पन्ने पलटते-पलटते।
क्या कुछ नहीं सीखा इन्हें पलट-पलट कर हमने।
सगा संबंध जोड़ रखा था हमने इनसे,
अपने चारों ओर घेर कर रखा था इनको।
इनकी अहमियत थी हमारे लिए,
निर्भर थे हम इन्हीं पर।
ज्ञान का स्रोत था ये हमारे लिए,
संभाल कर रखते थे हम इन्हें तह-ब-तह।
कोई स्थान न था ऐसा जहां इनका उपयोग न होता हो।
असहाय हो जाते थे हम,
गर कहीं नजर से ओझल हो जाते थे ये कभी।
चैन न मिलता था हमें, जब तक हम ढूंढ न लेते।
पर समय का परिवर्तन तो देख,
आधुनिक साधनों ने इनकी अहमियत ही समाप्त कर दी।
अब तो इनके लिए कोई स्थान ही नहीं।
दृष्टिकोण ही बदल जाता है परिस्थितियों के साथ।
पर क्यों भूल जाते हैं हम,
इन पन्नों का प्रयोग करके ही
आधुनिक साधनों से जुड़े हैं हम।

इन नए साधनों को अवश्य अपनाएं,
पर कागज के पन्नों को भूलकर नहीं।
यह किन परिस्थितियों को पार करके
हम तक आए हैं, इसका हमें ज्ञात ही कहां।

13

नादान इन्सान

यह इंसान भी कितना नादान है,
कभी खुश रहना ही नहीं जानता।
जब काम से फुर्सत नहीं मिलती,
फुर्सत की तलाश में रहता है।
जब फुर्सत ही फुर्सत होती,
तब भी मन बेचैन सा रहता है।
यह तो इंसान की फितरत ही है।
सुबह को ताकते-ताकते,
सूरज कब ढल गया, पता ही नहीं चला।
अगर तुम्हें कोई एहसास नहीं दिलाता,
तुम शायद अभी भी दिन की धूप ही तापते।
एहसास दिलाना भी कितना जरूरी है,
इसी से हम खुद को खुद से मिला सकते हैं।
नहीं तो जिंदगी पूरी बीत जाती,
जवानी को खोजते-खोजते,
जो कब की ढल गई है समय के साथ-साथ।
पर तुम आखिरी दम तक अभ्यास न भूलना,
कहीं तुम कभी असहाय सा न होना।
यह कर्मस्थल है, कब कैसा कर्म करना पड़ेगा,
इसका किसी को भी पता नहीं।

उसके लिए हर पल तैयार रहना।
इन पलों के लिए भगवान का शुक्रिया,
जिन्होंने तुम्हें यह सौभाग्य दिया।
उनके लिए भगवान से प्रार्थना,
जिन्होंने तुम्हें इस सौभाग्य से रूबरू करवा दिया।

14

अकेला पंछी

आ बैठ जा पल दो पल मेरे सामने,
अभी-अभी मैंने तुम्हें देखा था अकेले।
कहां उड़कर चले गए हो, पता नहीं।
ढूंढ रही हैं मेरी निगाहें तुम्हें इधर-उधर।
तेरे चहचहाने की आवाज आ रही है कहीं से,
कितना दूर हो या पास, पता नहीं।
हर सुविधा है, साधन है यहां तेरे लिए।
फले-फूले वृक्ष भरपूर टहनियां पत्तों से सजाए हुए,
आ बस जा यहीं, बना ले अपना घोंसला।
अभी बसर कर सकोगे इन सुविधाओं को देखकर,
अकेले हो, इसलिए जांच रहे हो बार-बार?
मैं तेरी समस्या से अवगत हूं,
अपनों से बिछड़ना कितना कठिन है।
ग़म न कर, अभी साथी मिल जाएंगे, यौवन है तेरे साथ।
जब तक यह यौवन है, बसना दुश्वार है पर दुर्लभ नहीं।
इसलिए कहती हूं, बना ले अपना घोंसला यहीं कहीं।

15

कांप रहे पत्ते

तुम्हें देख कर ख्याल आ रहा है मेरे मन में,
क्यों कांप रहे हो तुम हवा के झोंके से?
यह तो हवा का झोंका है, कोई तूफान नहीं।
यह तो प्रकृति का नियम है, कोई अनहोनी नहीं।
इस नियम को तुम समझ लो, हवा के रुख को जान लो,
इसके साथ झूमने का अभ्यास कर लो।
खुद को इतना असहाय न समझो,
जो तुम इतना कांप रहे हो।
परिस्थिति बदलती है, पर धैर्य तुम न खोना।
तुम अंश हो इस विशाल वृक्ष के,
जिसने जन्म लिया है एक बीज से, धरती में धस कर।
शायद तुम अभी-अभी अंकुरित हुए हो इन टहनियों से,
इसीलिए तुम कांप रहे हो अपने ही साथियों को देख कर।
कहीं तुम घबरा कर बिखर न जाना इनको देख कर।
गर तुम टूट कर बिखर जाओगे कभी,
फिर तुम्हें संभालना किसी के बस का नहीं।

16

पतझड़

कैसे बदल गई तेरी वह चाल,
कैसे बदल गई तेरी वह काया,
कैसे बदल गई तेरी वह नजर,
कैसे बदल गया तेरा वह अंदाज।
यह तो प्रकृति का खेल है,
चलता है करता की करनी से।
याद कर जब बामन आए थे तेरे,
होंठों पर थी हल्की सी मुस्कान।
जब आया यौवन, तेरा हरियाली थी,
चारों ओर, वह अलग ही नज़ाकत थी।
तेरा नजरिया कुछ और ही था,
इठलाती थी, कतराती थी अपने इस यौवन पर।
झूम-झूम कर आते थे पक्षी तुझसे मिलने के लिए,
तुम्हें ही समझते थे वह अपना आसरा।
तुम भी अपना मान कर सुरक्षित रखती थी उनको।
अब वह भी चले गए अपनी-अपनी दिशा में,
यह तो समय का परिवर्तन है,
अपनी ही रफ़्तार से चलता है।
तेरे पत्तों की हरियाली जा रही है,
पर इस अवस्था में तुम और भी निखर रहे हो।

तेरी हरियाली तो लाली में बदल गई,
यह अवस्था भी बदल जाएगी,
पतझड़ तो आने वाला है।
गर बदल जाए तेरा किरदार समय के अनुसार,
पर खोने न देना अपने आत्मविश्वास को
अपने आखिरी सांस तक।

17

नादान मन

कैसे समझाऊं, किसको समझाऊं,
यह नादान मन मानने को तैयार ही नहीं।
मैं जिसका इंतजार कर रही हूं,
वह तो अब बहुत दूर चले गए हैं।
किस लोक में हैं, किस दिशा में हैं,
उस पथ से मैं अनजान हूं।
बस एक एहसास ही बाकी है।
यह जिंदगी अधूरी सी रह गई,
अधूरी नहीं, खाली ही हो गई।
दुनिया समझती है कि मैं समझदार हूं,
पर मैं क्यों नहीं खुद को समझा सकती?
मैं जानती हूं यह किसी के बस में नहीं,
कर्म बंधन का खेल है, निपटा कर चले जाते हैं।
यह दुनिया नश्वर है, पर मन तो नादान है।

18

लहरें

सब कुछ सहन करने की शक्ति है इसमें।
इस पर भी देखो न, प्रकृति का खेल,
माया ने यहां भी अपना रंग दिखाया।
इन चंचल लहरों को तो देख,
कितनी दूर से आ रही हैं लहर बनकर,
सतह से ऊपर उठने की चाहत में।
शायद खुद को सागर से अलग समझती है यह।
कांप रही है, फिर भी आगे बढ़ रही है।
चांद को देखकर और भी मचलती है,
न जाने क्या सोचकर उछलती है यह।
साहिल से टकराते ही पीछे हट जाती है,
ठहराव आ जाता है साहिल से टकराकर।
आगे तो कुछ नहीं, जो कुछ है वह तो साथ ही है।
मैं तो सागर ही हूं, उससे अलग नहीं।
यह जीवन भी तो लहरों का समूह है—
इच्छा, कामना, अभिलाषा, आकांक्षा।
यह भी लहरें बनकर उठ जाती हैं,
मचल जाता है मन बेकाबू होकर।
लगाम खींचने की जरूरत है ठहराव के लिए।

19

प्रकृति की देन

धरती के अंदर छुपे हुए छोटे-छोटे बल्ब,
देखो ना, कैसे खिल कर निकल आए।
इस धरती ने गोद में समेट कर रखा था,
क्या-क्या न सहा इन्होंने इस इंतजार में।
छम-छम करती हुई वर्षा, साथ में घनघोर घटा,
शीत ऋतु की कांपती हुई शीतल हवाएं,
साथ में सफेद बर्फ का दुशाला।
वक्त के साथ-साथ इस सुंदर से दुशाले ने
कठोर सा रूप धारण कर लिया,
बर्फ की चट्टानों में बदल कर,
जो पिघलने का नाम ही नहीं लेते।
छोटे-छोटे बल्बों पर इतना बोझा,
लगता था मुलाकात दुश्वार है इनकी।
इतने में सूरज का प्रभाव तो देख लो,
बर्फ को हार कर पिघलना ही पड़ा।
बल्बों में जान में जान आई,
निखरता हुआ रूप खिल उठा।
नजरें अभी भी झुकी सी हैं,

बड़े-बड़े वृक्षों को तो देखो, तान कर खड़े हुए हैं।
उन पर अभी तक बामन भी नहीं आए।
नम्रता और सब्र से यह नन्ही सी जान,
मुश्किलों को सह कर भी खिल उठी।

20

घनघोर घटा और ढलता सूरज

एक तो संध्या काल में घनघोर घटा,
उस पर तुम्हारा पीछे से उजागर होना।
क्या बात है, ऐसा अद्भुत दृश्य,
कितना सुंदर है, ऐसा मैंने जाना है।
शायद तुम यह दर्शाते हो, असंभव कुछ भी नहीं,
चाहे कितनी ही कठिनाई क्यों न हो।
बस आशा के साथ साहस की एक किरण हो,
देखो ना, घटा को भी अपने साथ मिलकर।
ऐसा लग रहा है जैसे तुमने एक पथ बनाया,
आजा पार करके, आगे चलो, पथ तो आसान है।
क्या दृश्य है, हम सबों के लिए एक सीख,
हालात कैसे भी हों, बदल सकते हैं तेरे अनुसार।
गर तेरे साथ धैर्य, सबूर और सरलता हो,
प्रेम हो, पर राग से कोसों दूर।
कर्म करने की क्षमता हो, पर उससे लगाव न हो,
है तो यह दुश्वार सा, पर दुर्लभ नहीं।
प्रकृति के साथ रहकर बहुत कुछ मिलती है सीख,
आख़िर हम भी तो हैं प्रकृति की ही देन।
साथ में बुद्धि, चित्त और अहंकार,
बहुत जीए हैं हम अहंकार के साथ।

क्यों न अब इसे पीछे छोड़कर,
चल पड़ें बुद्धि का सहारा लेकर।
कोशिश करेंगे चित्त को निष्काम रखने की,
शायद आगे की मंजिल आसान हो जाएगी।

21

सुख दुःख का सम्बन्ध

सुख और दुःख दोनों का आपस में सम्बन्ध हैं
दोनों का आना जाना लगा ही रहता है
सुख आता है सीधे ही सिर चढ़कर बैठता है
नीचे की ओर नजर जाती ही नहीं
अपने में ही मस्त रहने की फितरत है
कल और कल की न फिक्र न ही सोंच
जिस के भी सिर जा कर बैठता है
वह आनन्द मग्न रहता है सोंचता है
यह जो मेरे साथ है मुझे क्या ग़म
कभी कभी दाता को भी भूल जाते हैं जिस की है यह देन
सम रहते हैं वह जो वाक्य समझदार है
दुःख जब आता है वह छाया बन कर
तेरे चरणों के साथ साथ चलता है
यह तुम पर निर्भर है उसे कहा स्थान मिले
इस की पहचान सिर्फ तुम्हें है तेरे संग रहने वालों को नहीं
जीना तो सबों को है अपनी जिंदगी
अपनी जिंदगी को मजबूर न कर
वह किसी और की मजबूरी बने
आत्मनिर्भर बन कर जिंदगी जियो

ताकि आत्मा पर कोई बोझ न रहे
दुःख को छाया बनकर चरणों तक ही रहने दो
उसको अपने साथ बिठाने की भूल न करना
गर कभी बैठ भी जाये किसी से जिक्र न कर
क्यों कि सम्भालना तो खुद को ही पडेगा

22

चंचल मन

हम भी कितने नादान हैं,
पल-पल मन के आधीन रहते हैं।
मन जो चाहता है, उसकी हमें ज़रूरत होती ही नहीं,
यह है सिर्फ मन की नादानी।
बिना सोचे-समझे कहीं भी भागता है,
जब तक हासिल नहीं करता, चैन से नहीं बैठता।
मन का भी क्या कसूर, यह तो सब नेत्रों का खेल,
जो देखते हैं, उसी को देख कर मन फिसलने लगता है।
मन बेचारा चंचल है, बस मचलता रहता है,
सुनना कानों को, पढ़ता है जो अनजान।
आ जाता बीच में मान और अपमान,
पहुँच जाती बात दिल पर, बन जाता एक सदमा।
कारण शरीर का बिगड़ना,
बात तो कुछ भी नहीं, सिर्फ एक छोटी सी चाहत,
जिसकी जीवन में कोई आवश्यकता ही नहीं।
इसलिए मन को बुद्धि से काम लेना चाहिए,
यह जीवन का सफर आराम से कट जाएगा।

23

रेगिस्तान

कोन   कहता हे रेगिस्तान में फूल नहीं खिलता
माली मिल जाए तो रेगिस्तान भी गुलिस्तान बन जाता है
चाहत और विश्वास की है जरूरत
साथ मे हौ धैर्य और अनुभव का मिश्रण
कायनात को भी झुकना पड़ता है
कर्ता की करनी भी बदल जाती है
कर्म को देखकर बादल उमड़ते है सागर से
सर टकराते है पहाड़ियों से
बरसते है रेगिस्तान को घुलिसतान बनाने के लिये
ऐ बन्दे दुख न कर इस कोहरे को देखकर
छटना ही है इस को तेरे उजवल भविष्य के लिए
दाता भी इम्तिहान लेता है पर
कभी निराश न किया उसने किसी को
हमारा धैर्य और उस पर हमारा विश्वास
इसी से कायम है यह कायनात

24

नीला पक्षी

कहां जाती हो तुम शीतकाल में,
कहां से आती हो तुम बहार में?
शायद तुम मौसम के साथ अपनी दिशा बदलती हो।

कितना इंतजार किया हमने तेरे लिए,
पल दो पल तो बैठ जा चैन से।
दो दाने चोंच में डाल तो दो आराम से।
उड़ती रहती हो ऐसे, जैसे कोई तुम्हें ढूंढ रहा है।
शायद तुम भी भागती हो उसी उम्मीद में।
यह तो आदत ही बन जाती है,
चाहे आगे कोई हो या न हो।
निहारने दो इन आंखों को,
जो बेसब्री से करती हैं तेरा इंतजार।
प्रकृति भी क्या है, जिसने तुम्हें आत्मनिर्भर बनाया है।
जन्म के साथ-साथ ही उड़ना भी सीखते हो तुम।
न तुम्हें किसी की परवाह है, न तुम्हारी किसी को परवाह है।
आजाद हो, कहीं भी डेरा डालते हो।
न राग, न द्वेष, न छोड़ना, न ही संभलना।
न ही भय कि कहीं कोई छोड़ कर चला जाएगा।
बस एक छोटा सा घोंसला, वह भी
जगह तय करता है तेरा प्यार।
घोंसला बनाती हो तुम प्यार से,
आगे की पीढ़ी को इस संसार में लाने के लिए।

ममता और प्रेम है तुम्हें भी, पर राग नहीं।
अंडों को संभालती हो घोंसले में हर बुरी नजर से।
इंतजार रहता है तुम्हें भी उनके जन्म का।
दाना चुग-चुग कर चोंच में डालती हो उनके।
कब वे संभल जाएंगे उड़ने के लिए,
आत्मनिर्भर बनाते हो बिना किसी अपेक्षा के।
यही फर्क है हम और तुम में।
हम अपेक्षा की बेड़ियों में जकड़े हुए हैं,
तुम आजाद पंछी अपने कर्मों में ही मस्त हो।
समय-समय पर परमात्मा ने हमें भी संभाला है,
जिसका कभी एहसास ही नहीं हुआ।
फिर भी हम परमात्मा से पहले
प्राणियों पर निर्भर रहते हैं।
अंत में परमात्मा की इच्छा के सामने
हम सब नतमस्तक हो जाते हैं,
जिसे हम अंत तक नहीं समझ पाते।

25

अगर

मीरा मीरा न होती अगर उसे सताया न होता,
विष अमृत न बनता अगर उसे पिया न होता।
प्रहलाद प्रहलाद न होता अगर उसे ठुकराया न होता,
नरसिंह का अवतार न होता अगर प्रहलाद भगत होता।
तुलसी तुलसी न होती अगर उसे दिक्कार न होता,
रामायण की रचना न होती अगर तुलसी वैरागी न बनता।
सीता राम सीता राम न होते अगर उन्हें बनवास न मिलता,
लंका कांड न होता अगर रावण दुष्ट न होता।
द्रोपदी द्रोपदी न होती अगर वह ऊर्जा न होती,
महाभारत का युद्ध न होता अगर धृतराष्ट्र अंधा न होता।
सोना सोना न होता अगर उसे झुलसना न पड़ता,
अभूषण न होते अगर वह निखरते नहीं।
रोशनी की अहमियत न होती अगर अंधेरा न होता,
बिजली की रोशनी हम तक न पहुँचती अगर एडिसन न होता।
माँ माँ न होती अगर वह दर्द न सहती,
यह सृष्टि न होती अगर हमें ममता न होती।
लल लल न होती अगर वह ठुकराई न होती,
लल्वाक की रचना न होती अगर लल को भावना न होती।
तू तू न होती अगर यह सुख-दुख का मेल न होता,
माया का जाल न कटता अगर दुख हथियार न होता।

26

कुदरत का अन्दाज

कुदरत का अंदाज़ अनोखा सा है,
जिसका हमें कोई अंदाजा नहीं।
क्या होता, कहाँ होता, कैसे होता,
वहीं जानकार हैं, बाकी सब अनजान।
देखो न यह छोटा सा वृक्ष,
कई टहनियाँ और अनेकों पत्ते हैं इसके,
जो सारे हरे-भरे, लहलहाते हैं अपनी मस्ती में।
उन्हीं में है एक छोटी सी टहनी,
जिसके पत्ते लाल हैं, अलग हैं औरों से।
न जाने क्या सोचकर विधाता ने इसे भिन्न बनाया है,
यह अकेली टहनी पर पत्ते हैं इसके भी अनेक।
शायद कुछ रह गया होगा पिछले कर्मों का,
भोगने आई है इनके संघ में।
रंग तो भिन्न है पर चल रही है इन ही के संग,
सोच में पड़ गई हूँ मैं इसके खातिर।
पर यह है मस्त अपने ही अंदाज़ में,
न कोई गिला न ही शिकवा,
करता की करनी कबूल है इसको।
इसीलिए गर्व से जी रहे हैं ये,
न है बसंत का मोह, न ही पतझड़ का शौक।

इस मानव को भी तो देखो, जो है अपने में भरपूर,
फिर भी क्यों है अधूरा, असहाय सा?
पल-पल डर जाता है अकेलेपन से,
जबकि साथ है साथी उसका, जिससे अनजान है वह।

27

सायं काल का सूरज

आकार वहीं, प्रकाश भी वही,
जोती वहीं, धीमी धीमी उषा भी वही।
पर किरणें जैसे कहीं खो सी गईं,
चलते थे जब तुम अपनी रफ्तार से,
यहीं किरणें तुम्हें घेरे रखती थीं चारों ओर।
जुड़ी थी वह तेरे नाम के साथ सूरज की किरण,
ऊर्जा थी इतनी कि खड़े रहने से कतराते थे।
झुकी हुई नजरें सामने से हाथ रखके
दीदार करते थे हम तेरा,
नज़र मिलाने की हिम्मत नहीं थी हम में।
जल भी चढ़ाते थे लोटे को सामने रखकर,
पानी की धार के बीच से दर्शन करते थे तेरा।

काल के साथ किरणों ने साथ ही छोड़ा,
पर तुम्हें कोई राग नहीं, कोई शिकवा नहीं।
अहंकार रहित, अहंकार को त्याग कर,
कितनी शांति, कितना ठहराव है तुम में।
ऐसा लगता है जैसे तेरी गति धीमी सी हो गई,
पर यह हमारी नजरों का धोखा है।
तुम अभी भी उसी रफ्तार से चल रहे हो,
सूरज वहीं, नाम वही, आकार और प्रकाश वही।
पर जवानी का वह दम नहीं, दिखावा भी नहीं,
यह तो काल चक्र है, इससे सब को गुज़रना है।

काल भी इस काल की गति से नहीं बच सकता,
जो आज है, वह कल नहीं हो सकता।
यह तो कुदरत का खेल है, सभी को खेलना है,
खेल समझ कर ही यदि खेलें,
समय आनंद से बीत जाएगा।
वरना जीना मुश्किल हो जाएगा,
आज अस्त हो रहे हैं नई ऊर्जा के साथ,
उदय होने के लिए या उसी में लय होने के लिए।

28

एक ख्याल

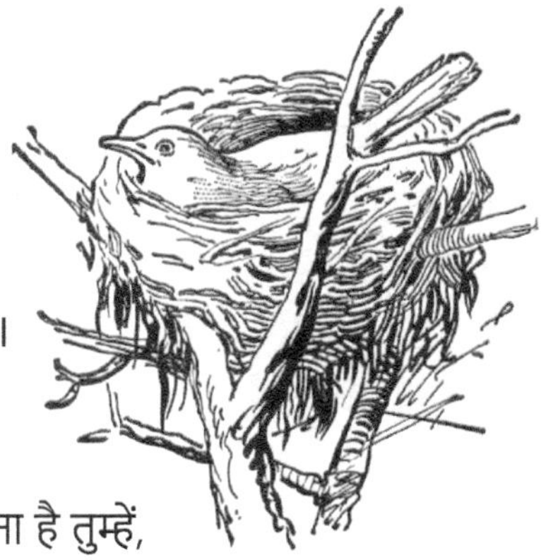

कई दिनों से ख्याल आ रहा है, सोच रही हूं,
क्यों छोड़ दिया तुमने अपना खाना-पीना,
चहक चहक कर उड़ रहे हो तुम इधर से उधर,
अपनी भूख-प्यास की भी सुध नहीं।
पता नहीं, यह तुम्हारा संयम है या वैराग्य,
देखा था मैंने कितने चाव से बुला-बुला कर
अपने साथियों के संग चुगते थे तुम मिलकर दाने।
क्यों हुई तुम्हारी ऐसी दशा?
क्या है इसका कारण? संयोग, वियोग या योग,
कोई डर या मोह? माना दिशा को फिर से बदलना है तुम्हें,
कारण है मौसम का परिवर्तन।
जिस घोंसले को बनाया था जतन से,
सजाया था अरमानों से, सोच कर असली ठिकाना,
यह न सोचा था कि यह डेरा है, बसेरा नहीं।
यह तो संसार है, माया का बुना हुआ जाल,
मिलना, बिछड़ना, छोड़ना, पाना तो लगा ही रहता,
माना कठिन है समझना पर असंभव तो नहीं।
ग़म न कर, भरोसा रख उस रचनाकार पर,
जिसने रचा है यह सारा संसार।
चुना जो होगा तेरे लिए, वह तो अवश्य ही ठीक होगा,
काबिल बनाया है उसने तुम्हें, मंजिल तो मिल ही जाएगी।

29

विनती

पंच तत्वों से बना हुआ यह देह,
इसमें बसा है चित्त, चेतना, मन, बुद्धि, अहंकार।
साथ में बसी हुई हैं पांच इंद्रियां,
साथ में हैं यह सारे रिश्ते-नाते।
इन सब पर है तेरा ही नियंत्रण,
सब कुछ तेरा है, कुछ भी नहीं है मेरा।
यह कार्यक्रम जैसे चलाना है, तेरी मर्जी,
बस इतनी विनती है, शक्ति मुझको देना।
हरदम साथ तू मेरे रहना,
कहीं मैं मंजिल से न भटक जाऊं।
मेरा धैर्य मुझसे कहीं रुख न मोड़े,
यह चेतना तो तेरी ही अमानत है।
सही-सलामत रखना तुम इस देह को,
ताकि संभाल सके तेरी अमानत को।
कहीं कोई परेशान न हो जाए
बिगड़ने से पहले ही रुकसत करना,
चेतना को सही दिशा देकर।
मिल जाए नश्वर देह पंच तत्वों के साथ,
जिससे आया था, उसी में समा जाए।

30

चंचल मन

हम भी कितने नादान हैं,
पल-पल मन के अधीन रहते हैं।
मन जो चाहता है, उसकी हमें ज़रूरत होती ही नहीं,
यह है सिर्फ़ मन की नादानी।
बिना सोचे-समझे कहीं भी भागता है,
जब तक हासिल नहीं करता, चैन से नहीं बैठता।
मन का भी क्या कसूर, यह तो सब नेत्रों का खेल है,
जो देखते हैं, उसी को देख कर मन फिसलने लगता है।
मन बेचारा चंचल है, बस मचल जाता है,
सुनना कानों को पड़ता है, जो है अनजान।
आ जाता है बीच में मान और अपमान,
पहुँच जाती है बात दिल पर,
बन जाता है यही एक सदमा,
जो बनता है कारण शरीर का बिगड़ना।
बात तो कुछ भी नहीं, सिर्फ़ एक छोटी सी चाहत,
जिसकी जीवन में कोई आवश्यकता ही नहीं।
इसलिए, मन को बुद्धि से काम लेना चाहिए,
ताकि यह जीवन का सफर आराम से कट जाए।

31

हवा

ऐ हवा, तू जा मिलकर आ उस परमात्मा से,
जिसकी मुझे पहचान नहीं, शायद तू पहचान ले।
वह परमात्मा परमधाम में हैं आत्माओं के साथ,
अज्ञात हूं, ज्ञान नहीं है मुझे उस धाम का।
शायद तेरी पहचान हो, पहुंच है तेरी दूर-दूर तक,
दूरियां तय करने में सक्षम है तू।
इसलिए इल्तिज़ा है तुमसे, ज़रा मिलकर आ उनसे।
मेरे गुण-अवगुण का परिचय देना उन्हें,
गुणों का पता नहीं, शायद अवगुण से ही पहचान लेंगे मुझे।
क्योंकि दोनों ही मैंने उन्हीं को अर्पित किए हैं।
मोक्ष और विज्ञान की चाह नहीं, बस
श्रद्धा, भक्ति, और विश्वास का वरदान दे मुझे,
गर उनकी इनायती कर्म हो मुझ पर।

32

सुन्दर सा फूल

कितना ही मनोहर है यह दृश्य,
नीचे धरती पर दामन फैलाकर बैठे हो तुम।
तेरा यह मुस्कराता हुआ हल्का सा गुलाबी चेहरा,
बीच में रंग-बिरंगी बिंदियां।
ऊपर से सूरज की किरणों की चादर,
ढक रही है तेरे इस रूप को,
कहीं किसी की नजर न लग जाए।
तेरे इस अद्भुत सौंदर्य के कारण ही,
मतवाले हो जाते हैं बेचारे भंवरे।

यह रूप है तेरा आज, जब मौसम बदल रहा है,
पत्तों ने ढक कर रखा है धरती को,
फिर भी तुम मुस्कुरा रहे हो,
खुद को खुद से अलग करके,
झूम रहे हो प्रकृति की गोद में,
कर्ता की करनी के साथ।
यही तो सीख है हम जैसे लोगों के लिए,
मद, मोह, लोभ को त्याग कर,
खोजना है खुद को खुद में,
मिलना है उस रचनाकार से, जिसने रची है सृष्टि।
फिर हसीन होगी जिंदगी, आसान होगा सफर,
रुखसत हो जाएंगे हम भी इस जहां से,
मिलने जाएगी आत्मा परमात्मा से।

33

चांद

आपने मुझे दूर होकर याद किया,
चांद का दर्शन दिखाकर।
अद्भुत है इसका अंदाज़ा,
खुद बैठा है आकाश पर,
प्रतिबिंब है उसका जल में।
पीला सा अक्स है अभी भी उस पर,
सूरज अभी अस्त नहीं हुआ।
लगता है कहीं वह अभी व्यस्त है,
तभी तो हल्की सी लालिमा है अभी भी।
यही तो प्रकृति की माया है,
जाते-जाते भी नहीं जाती।
पता है इसे, समय का परिवर्तन हुआ है,
अब तू पीछे हट जा, तुमने बहुत कुछ किया है।
तुमने प्रकाशित किया है संसार को,
जीवन जीने की कला सिखाई, उत्साह बढ़ाया।
अब कुछ पल चांदनी रात का मज़ा तो लेने दो,
इस मानव को, जो थक चुका है दिन की कशमकश से।
सुबह फिर उत्साह से उठने के लिए।

34

प्रकृति का परिवर्तन

वाह, क्या है तेरी यह चाल,
कितनी सुन्दर है तेरी यह काया,
कैसे निखर गया है तेरा यह रूप,
कैसे अद्भुत है तेरा यह अंदाज।
है तो यह प्रकृति का खेल,
याद आ रही है तेरी वह अवस्था,
जब आ रहे थे तुझ पर वे छोटे-छोटे बामन,
होंठों पर तेरे थी हल्की सी मुस्कान।
जब आया यौवन तेरा, हरियाली थी चारों ओर,
वह अलग ही थी तेरी नजाकत,
तेरा नजरिया था कुछ और ही।
इठलाती थी, कतराती थी अपने इस यौवन पर,
झूम-झूमकर आते थे पक्षी तुझसे मिलने के लिए,
तुम्हें ही समझते थे वह अपना आसरा,
तुम भी अपना मान कर सुरक्षित रखती थी उनको।
अब वे भी चले गए अपनी-अपनी दिशा में,
अब तुम झूम रही हो बेफिक्र होकर,
समय अपनी ही रफ़्तार से चलता है,
अवस्था भी बदलती रहती है।
इस अवस्था में तुम और भी निखर रहे हो,
तेरे यह भिन्न-भिन्न रंगों के पत्ते,

क्या अद्भुत दृश्य है यह तेरा।
अब समय आने वाला है, तृप्त हो जाओगे तुम,
ढक देगा बर्फ तुम्हें अपने आगोश में,
आगे के सफर के लिए।

35

उम्मीद

पलके थक गई थीं देखते-देखते
थाली रखी रहती थी, कभी आओगे तुम
झांकती थी मैं इधर से उधर,
शायद कहीं से तुम नज़र आओगे।
सोच रही थी मैं, कहीं तुमने डेरा
बदल दिया होगा बदलते मौसम के साथ,
कहीं तुम नज़र नहीं आ रहे थे।
पर कहीं न कहीं इंतजार था, साथ में उम्मीद भी।
देखो ना, कैसे तुम आ गए, झुंड के झुंड,
वह भी इन बर्फ की सुंदर लड़कियों के साथ।
फुदक-फुदक कर, चहक-चहक कर,
चुग रहे हो तुम इन दानों को।
जाना मैंने प्रकृति की अद्भुत कला को,
जो देन है उस परमात्मा की, जो हम सब में बसे हुए हैं,
जिनमें हम सब हैं बसे हुए, फिर भी पास होकर भी दूर हैं।
बस एक एहसास है, इतना सा रचा है हमें
उस रचनाकार ने, जिसने यह जगत रचा,
करना है हमें कर्म अपना, अर्पण करके उसी को।

36

बर्फ का अद्भुत दृश्य

झुकी-झुकी शाखाएं जिनको अनुभव
हुआ पहली बर्फ की चादर का,
झांक रही है एक अद्भुत
अकेली मदहोश सी टहनी,
जो उभरकर आई है
यौवन के अद्‌त एहसास से।
सुंदरता की मूरत है यह,
उमंगों से भरी हुई है इसकी कोमल काया,
निर्मल स्वच्छ आकार है इसके पीछे।
चारों ओर से फैली हैं आशा की किरणें,
एक अनोखा सा अनुभव लेकर
समेटे हुए प्रकृति के अमूल्य अंकुर को
नए साल के आगमन के लिए,
अपने इस सुंदर से आंचल में।
प्रकृति का यह अनोखा खेल देखो,
अंत में ही कहीं छुपा हुआ है आरंभ।

37

माया

इतने बड़े कबीले में
क्यों खड़े हो मुंह मोड़ के?
क्या कोई आने वाला है
या कोई छोड़ के चला गया?
तेरे ऐसे झुकाव से कुछ मालूम नहीं पड़ता,
क्या तुम झुके हो गले मिलने के लिए
या झुक गए हो बिछड़ने के गम में?
देख, तेरे पीछे कितने खड़े हैं,
उनसे कभी मुंह न मोड़,
वे ही तेरा साथ देंगे, तेरे साथ चलेंगे।
कर्म का यह खेल है, कर्म का यह मेल है,
इस कर्म से दगा न कर, यही तेरा साथी है,
यह कर्म कहाँ से कहाँ ले जाता है,
कभी ऊँचाइयों पर पहुँचाता है,
कभी दलदल में फेंकता है।
यह आपसी संबंध भी तो कर्म के ही खेल हैं,
जैसे तुमने कर्म किए, वैसे ही संबंध जोड़े हैं।
आगे तो कुछ भी नहीं है, सारे पीछे से ही आए हैं,
सवार इसे इसी पल, नहीं तो पछताना होगा हर पल।

38

गम

गम ने मुझे भी घेरा
गम ने तुझे भी घेरा
गम ने हम सब को घेरा
आता है खुशियों में मेहमान बनके
बिठाते हैं हम इसे अपना बनाकर
गुल-मिल जाते हैं इससे खुद को भूलाकर
जाने नहीं देते हम इसे अपना बनाकर
अपना विश्वास, परमात्मा के करामात
भी भूल जाते हैं हम इसकी संगत में
क्या गम को अपनाकर दर्द होता है कम?
घर करता है इस मन में, खोखला करने के लिए
इमारत तो दिखती है, पर अंदर गम ने घेरा है
भगा दो इस गम को अंदर आने से पहले ही
समाधान नहीं है यह उलझन का
उलझन सुलझ जाती है गहरी सांस लेकर
शांत मन, सूझ-बूझ, धैर्य और विश्वास के साथ

39

तलाश

किसे ढूंढ रहे हो पल-पल मेरे मन,
क्या खोया है जिसे पाने की चाह है तुम्हें?
तुमने जिससे संभाला था अपना मान कर,
पल-पल जिसके लिए खुशियां मनाते और आंसू बहाते थे तुम,
जिसकी परवाह करते हुए वैरी बना था सारा जहाँ,
जिसको छुपाया था दुनिया की नजरों से,
जिस भ्रम को जी रहे थे अपना मान कर,
सच और झूठ की परख न की थी तुमने।
दुःख और सुख भी भूल गए थे इस लालसा में,
जो तुमने पाया था वह तेरा प्रालब था,
जो तुमने खोया, वह भी तेरा प्रालब है।
कितनी बार समझाया चेतना ने तुम्हें,
खोना और पाना तेरे बस में नहीं है,
प्रालब से जो मिला उसे ले लो,
प्रालब से जो छूटा उसे छोड़ दो।
अपनी पकड़ को इतना न कस लो
कि यह पकड़ ही तुम्हें डुबो दे दलदल में,
कि चाह कर भी निकल न पाओगे तुम।

40

बादल

यह उड़ते बादल ढकते नीला आकाश,
अपने आकार से मोहित करते मन को।
कहां से आ रहे हैं, कहां जा रहे हैं,
किसी को न पता, अपनी मस्ती में झूमते हैं।
कहीं घनघोर घटा, कहीं बर्फ के गोले,
कहीं सूरज की लाली, बदलते रूप अनोखे।
खुद को खुद से भूलकर हालातों से बदलते,
गुल मिल जाते, अपनी दिशा में उड़ते।
कब बादल बने वर्षा, इसका पता न लगा,
न चिंता, न ग़म, अपनी धुन में लगे।
कब किससे टकराए, ज्ञात न इसका हाल,
रब को समर्पित, जिसने बनाई कायनात।
कब और कहां गिर जाएगी, पता न इसे,
आशीर्वाद या अभिशाप, जीवन का सहारा, मृत्यु का सामान।
चलते रहना इसका कार्य, अंत में मिलना सागर से,
जहां से उड़ना सीखा, उसी में समा जाना है इसे।

41

डलता हुआ सूरज

क्यों इस समय तुम उदास हो
तेरा मुख मंडल पीला सा पड़ गया,
उदासी सी छाई हुई है इस तेज पर।
उदय हुआ था पूर्व से, अस्त हो रहा पश्चिम में,
इसीलिए तुम उदास हो? क्या यही है कारण?
तेरी गति कुछ धीमी सी लग रही है मुझे,
यह मेरी नज़रों का कसूर है, तेरी गति तो वैसी ही है।
तेरा बड़प्पन जो तुमने टिकने दिया मेरी नज़र को,
तुम जब भी उदय होते हो, चारों ओर फैलती हैं
किरणों का तेज, उसके बीच तेरा सुंदर सा मुखड़ा।
अर्ध्य देकर सम्मानित करते हैं, आशीर्वाद के लिए,
इंतजार करता है कमल खिलने के लिए।
तेरे इस प्रकाश से मिट जाता है रात का अंधेरा,
तेरी ऊर्जा को ग्रहण करके चलता है संसार।
दिन के प्रकाश में छोटे से बल्ब
ग्रहण करते ऊर्जा, जगमगा उठते हैं रात के अंधियारे में।
ऐ डलते हुए सूर्य, क्यों इतने उदास लग रहे हो?
तुम तो अस्त हो रहे हो उदय होने के लिए,
यह तो प्रकृति का नियम है, कोई प्रलय तो नहीं।

देखो ना, डलते-डलते भी उज्ज्वल किया आकाश को,
चारों ओर फैली हुई है तेरी लालिमा।
यही है तेरा शान, यही है तेरा मान।
उनको देखो जो अस्त होने के अंतिम चरण पर हैं,
फिर भी कष्टों का भुगतान कर रहे हैं काया से।
जा कर उनकी सहायता के लिए प्रभु से प्रार्थना करना।

42

एहसास

सोचा न था कभी हमने
जिंदगी बदल जाएगी ऐसे।
सब कुछ है वहीं, कुछ भी नहीं बदला—
वहीं समा, वहीं अदा,
वहीं दर और दीवार,
वहीं प्यार, वही मान-सम्मान,
वहीं आकाश, वहीं धरती,
वहीं बदलते हुए मौसम,
आज भी बर्फ है चारों ओर,
वहीं मायूस से वृक्ष, जिन्हें इंतजार है हरियाली का।
सब कुछ है, बस तुम्हारे चलने की आहट नहीं,
ऊपर से नीचे और नीचे से ऊपर आने की आवाज नहीं,
तुम्हारे आने का इंतजार नहीं।
लगते हो तुम यहीं कहीं, जो मेरा भ्रम है,
भ्रम नहीं, यह तो मेरा एहसास है।
यह तो साथी है अपना, जब तक रहे सिमरन,
तुम तो हर बंधन से आजाद हो—
उड़ जा उस ओर जहाँ शांति ही शांति हो।

43

तेरी याद

ऐ अधरात की हवा, तू जा मिलकर आ उनसे,
जिन्होंने छोड़ दिया इस संसार को, तोड़कर सारे बंधन।
जिये थे वे जीवन अपने दम पर,
पथरीली राहों को समतल बनाने की शक्ति थी उनमें,
जो ठान लेते थे, उसे पूरा करने की क्षमता थी उनमें।
हर रिश्ते को शिद्दत से निभाने की आदत थी उन्हें,
कर्मयोगी थे, हर कर्म को हर हाल में निभाया उन्होंने।
हर क्षण उनके मुखमंडल पर मुस्कान होती थी,
जीवन जीने की चाहत थी उन्हें, साथ में नज़ाकत भी।
त्याग दिया उन्होंने अपनी सब आदतों को,
आत्मा को परमात्मा से मिलने के लिए।
शहज़ादे बनकर इस संसार में आये थे,
बादशाह बनकर रवाना हुए इस संसार से।
ऐ हवा, सुना है तेरा आवागमन है हर लोक में,
सहायक बनकर रहना उनके साथ परमधाम पहुँचाने के लिए।
यह भी कहना, अगर हमसे कोई गलती हुई है,
हम सबको क्षमा करना।
यह हमारा कायामोह था,
जिस कारण काया को कष्ट हुआ।
देखो उनका बड़प्पन,
सबको मिलने का मौका दिया,
सब कुछ त्याग कर, देखते ही देखते,

आत्मा परमात्मा से मिलने चली।
यह भी कहना, हम तुमसे प्रेम करते हैं, तुम्हारी काया से नहीं,
मूर्खता में कभी दुखी होते हैं हम, पर संभल जाते हैं।
सोच कर कि तुम यहीं आस-पास हो।

44

हसीन लम्हें

कभी-कभी जिंदगी के कुछ पल इतने खास बन जाते
कि वे हमसे हमेशा के लिए जुड़ जाते हैं।
और न चाहते हुए भी हमसे दूर चले जाते
फिर कुछ यादें इस जहन में इस तरह समा जाती हैं
कि जिंदगी के हर मोड़ पर वे लम्हे याद आते हैं।
आँखों में स्वप्न और दिल में अरमान लिए,
एक सफर में चलते हम, बिना किसी को साथ लिए।
रास्ते में कुछ नए चेहरों से मुलाकात होती है,
फिर वे ऐसे दोस्त बन जाते हैं
जैसे एक रिश्ता हो उम्र भर के लिए।
जब वक्त आता है बिछड़ने का,
उन्हीं हसीन पलों को याद करते हैं हम।
घायल हो जाता मन, पर संभालते हम खुद को,
यह समझाकर कि याद करेंगे हम
उन हसीन पलों को जो गुजारे थे साथ हमने।
यह जिंदगी का कारवां है, चलता ही जाता,
किसी के रोकने से रुकता नहीं।
बस चाहत है हमें, जहाँ भी तुम रहो, खुश रहो।

45

शुन्य

इस संसार में शून्य का कोई मूल्य ही नहीं
इसके जोड़ने, घटाने या गुणा से कोई अंतर नहीं।
अकेले शून्य को देखकर मन होता है दुखी
पर हम यह नहीं सोचते कि
गर यह शून्य न होता, तो गिनती आगे न बढ़ती।
यह शून्य ही है जिसका अपना कोई मूल्य नहीं,
पर अपने साथ से दूसरों का मूल्य बढ़ाता है।
गर शून्य को अंक के साथ सही स्थान पर रखा जाए,
अंक का मूल्य अनगिनत हो जाता है।
इसी तरह हमारे अपने भी शून्य की तरह अनमोल होते हैं,
अनुभव, प्रयत्न और साथ से हमारा मूल्य बढ़ाते हैं।
अब निर्भर है हम पर इस अनमोल को
किस स्थान पर जोड़कर रखेंगे हम।
यह जरूरी नहीं कि हम कितनी बार मिल पाएं,
यह जरूरी है कि हम कितनी बार जुड़ पाएं।

46

सन्ध्या

न तुझ में है सूरज का ताप,
न तुझ में है रात का अंधकार।
तुम तो संध्या हो,
शीतल हो, सहज हो,
दोनों का अनुभव हो।
सूरज को रुखसत किया तुम ने,
न हो दुखी, संध्या देख,
चांद की शीतल चांदनी
बाहें फैलाए खड़ी है तेरे लिए।
बस तू अपना धैर्य न खोना,
धैर्य और विश्वास ही
जीवन की गुणवत्ता है,
जिसे तुम्हें जीना है गर्व और मान से।

47

हिम

हिम्म तेरा समय भीत गया
तेरा वह बरसना, थमने का नाम न लेना
धरती को अपने आगोश में समा लेना
चारों तरफ तुम ही तुम, अपने आप में ही मस्त
हिम्मत न थी किसी को शीत लहर सहने की
सिर ढक कर, नजरे झुका कर चलते थे राही
धरती पर आकर जब कठोर बनते थे तुम
हालातों को देख कर फिसल जाते थे लोग
गिरते थे ठोकर खाकर धरती पर
पर समभलना भी सीखते हैं गिरकर ही
यह न समझना तेरे साथ आनंद न था
कुदरत की ही देन हो तुम
इसी धरती को लहलहाने के लिए
इसी में समा जाते हो तुम
पर समय पर किसी का मूल्य न समझना
हमारी पुरानी फितरत है

48

इल्तिज़ा

जिसकी कल्पना न की थी,
वहीं पल जी रहे हैं हम आज
जवानी बीत गई, सीखने और सिखाने में
फुर्सत न थी हमें, दम भरने की कभी
पाया हमने सब कुछ, आपकी कृपा से
इल्तिजा है इसे संभाल पाएंगे हम अपनी सिमरन से
अंत समय जब आएगा, समर्पित करेंगे अपनी ही सिमरन से
सुमरन रहे, झुका के मस्तक शुक्रिया अदा करेंगे हम
यही है एक तमन्ना, जिसे पूरा करेंगे आप
आदत है हमें आपकी मेहरबानियों की
बिन मांगे दिया है सब कुछ, क्या मांग के न देंगे इतना सा
परवाह की है आपने पहरेदार बनकर
फिसलने न दिया कभी, गिरने की तो बात ही नहीं
मन में छुपी बात को, पूरा करते हैं आप
जीभ पर आई बात क्या ठुकरा सकोगे आप
इसलिए कहती हूँ, भूलना नहीं याद रखना मेरी बात को
मुझे कोई फर्क नहीं पड़ेगा; छलिया कहलाओगे आप ही

49

मानव

इतना न तू बहता चला, अपने मन का उन्माद कर,
मैं एक राही हूं, जो कहती कुछ पल सोच विचार कर।
कलरव कोलाहल है चारों ओर, साथ में विभूति है वैभव की,
मत चुनाव कर कोलाहल का, विभूति भी साथ है तेरे।
इतना तूने जी कर तो देख ही लिया है,
अब फिर किस सोच में डूबे हो तुम?
जो बीत गया, उस पर तुम्हारा बस नहीं,
जो आने वाला है, उस पर भी कोई ज़ोर नहीं।
तब भी अनजान थे, अब भी अनजान ही रह,
जी ले अपना प्रालब्ध, जो तुमने कमाया है।
गिला शिकवा मत कर, बिना मतलब के,
जो कुछ तेरा है, वह तुझे मिलकर ही रहेगा।
अभी समय है, कुछ कमा ले अपने कर्मों से,
आगे सफर में काम आएगा, उसी का फल।

50

यादें।

यादें एक सौगात हैं, जिन्हें हम
तह लगाकर मन के पिटारे में रखकर
नगर नगर, डगर डगर घूमते रहते हैं।
व्यस्त रहते हैं हम अपने ही माहौल में,
कुछ अरसे तक भूल ही जाते हैं हम उन हकीकतों को
जो कभी अहम हिस्सा होती थीं हमारी जिंदगी के।
समय के अनुसार जिम्मेदारियां बदल जाती हैं,
तेरे पास अब फ़ुर्सत ही फ़ुर्सत का माहौल है।
खुल जाते हैं ये पिटारे खट्टी मीठी यादों के,
पहुँच जाते हैं वहीं, जहां से हम उन्हें साथ लेकर चले थे।
उस समय भूल जाते हैं हम वर्तमान को,
अतीत के पन्नों में खो जाते हैं हम।
जिनके साथ से जुड़ी होती हैं वह यादें,
कुछ संग, कुछ हमसे बिछड़ गए,
हम क्षण भर के लिए उन ही यादों को जी लेते हैं,
यही जिंदगी की हकीकत है, जिसमें सबको जीना है।

51

नज़राना

पता नहीं कब, कहां, कैसे
किन रिश्तों में बंधे थे हम,
कुछ भी हमें पता नहीं।
जानता गर कोई, वह है परमात्मा,
जिसने इस प्रकृति को रचाया है।
हां, उसने हमें सजाकर भेजा था,
बांधकर रखा था एक सुंदर से बंधन में,
इस कर्मस्थल में कर्मों को निभाने के लिए।
अपने कर्मों को हम दोनों ने निभाया,
शिद्दत से, मिलजुल कर, परमात्मा की कृपा से।
कैसे सब कुछ चल रहा था
अपनी गति से, पता ही न चला।
तुमने तो अपना कार्य निष्ठा से निभाया,
एक दिन ऐसा भी आया जब तुम,
कर्म मुक्त होकर इस जहां से,
अपनी ही रफ्तार अपनी ही खास अदा से
रवाना हुए एक आलौकिक दिशा की ओर।
क्या मैं तुम्हें नजराना भेजूं इस ओर से?
जानती हूं मैं, सब कुछ है तेरे पास वहां,
बस एक प्रेम है मेरा, जो सदा तेरे साथ रहे।

52

फागुन

तेरे हर रूप को मैंने देखा,
तेरा वह अकेलापन,
बर्फ ने जब घेरा था तुझे अपने आगोश में।
तेरी अबोध अवस्था के बामन,
तेरी जवानी की लहलाती हरियाली,
अब तेरा यह फागुन का मौसम।
न बुढ़ापे की झुर्रियां, न कंपन,
न मायूसी, न ही जाने का कोई ग़म।
उस पर भी यह मासूमियत का अंदाज,
क्या रंग-रूप पाया है तूने!
तेरी हरियाली ने अपना रंग ही बदल दिया,
क्या अद्भुत दृश्य है यह तेरा।
इंतजार रहता है सभी को,
तेरे इस रूप को निहारने के लिए।
हवा का यह झोंका जो आया,
उसके साथ तेरा यह झूमना,
यह जानते हुए भी कि फिर झड़ जाएंगे
तेरे पत्ते हवा के ही इसी झोंके से।
क्या कहूं मैं तेरी इस अदा को,
तू तो प्रकृति की एक अद्भुत मिसाल है।

53

परछाई

जब से तू आई हमारे जीवन में
हमारे जीवन में बहार आई।
सिर्फ तू मेरी बेटी ही नहीं है
तू तो मेरे जीवन की परछाई है।
आज के ही दिन मुझे मिला था
एक खूबसूरत नज़राना
जीवन जीने का मिला था
एक अर्थपूर्ण बहाना।
मेरे चेहरे पर जो खिली
वह प्यारी मुस्कान हो तुम।
मेरे जीवन की हरी बगिया हो तुम
मेरे जीवन की प्रेरणा हो तुम।
तेरा कभी न घबराना
हर मुश्किल को आसान बनाना
अपने पर विश्वास रखना।
तुम तो खुली किताब थी मेरे लिए
तुम को पढ़ना आसान था मेरे लिए
जिस के लिए तेरा शुक्रिया।
मेरा अनुशासन कड़ा था
वह तुम जानों या मैं जानू।
तुम फलों फूलों अमर बेल की तरह
धन-धान्य से परिपूर्ण हो जीवन तुम्हारा।

चलो सदैव नेक राह पर
हर मंज़िल तेरी आसान हो।
दिल से मेरे निकले बस यही दुआ
दर्द और गम से अंजान रहो तुम।
राह के कांटे फूल बन जाए तेरे लिए
तेरी बगिया खिलती रहे
तेरे ही धूप और छाया से।

54

समय का चक्र

ज़िंदगी चल रही थी अपनी ही रफ्तार से,
साथ में एक जिंदादिल था उसके,
जिसने ज़िंदगी को हसीन था बनाया।
न आज की परवाह, न कल की चिंता,
परमात्मा की कृपा से मुश्किलें होती थीं आसान।
चलते-चलते एक दिन ऐसा भी आया,
उन्होंने आगे साथ चलने से मना किया
अपना अलग सा प्रकाश उन्हें नजर आया
बहुत कोशिश की रोकने की, पर हमारी कुछ न चली
उनके कर्मों की गिनती हुई थी पूरी
इतने में एक साथी मिला—अनुभव
जो संग था हर पल
एहसास था, साथ में लिहाज भी
उम्र ने समझाया जिंदगी को
जो कुछ समय मानने को तैयार न थी
पर वक्त ने उसे समझा ही दिया
आख़िर उसे समझना ही पड़ा
मैं उम्र हूं, तेरे साथ चल रही हूं
हिम्मत ने समझाया, घबराओ मत, मैं भी तेरे साथ हूं

55

मेरे अपने

मेरे अपने जो करीब थे मेरे,
कितने दूर चले गए हो तुम,
हम सब को छोड़ कर,
जहां तक हमारी पहुँच ही नहीं।
कहा था तुमने संग रहेंगे हम सब,
पर करता की करनी को समझ न पाए हमें।
उठा कर ले गए उस जहां में,
जहां सिर्फ प्रेम है, राग और द्वेष नहीं।
तुम शांति, सबूर, ज्ञान, और त्याग के मूर्त थे,
लक्ष को ठान लेना, कर्तव्य को निभाना
इसमें तुम बड़े ही निपुण थे,
बस अंत तक कर्म ही निभाया,
फुर्सत से बैठने का मौका ही न मिला।
उम्र की न कोई गिनती है वहां,
अपने कर्मों का भुगतान करके,
तय कर दिया अपना सफर,
बस देखते ही रह गए हम यहां,
अपने कर्मों को भोगने के लिए।
चल पड़ेंगे हम एक दिन,
जब भुगतान होगा कर्मों का,
बस इतनी विनती है परमात्मा से,
बंधन से मुक्त करके, शांति से संग बिठाना हमें।

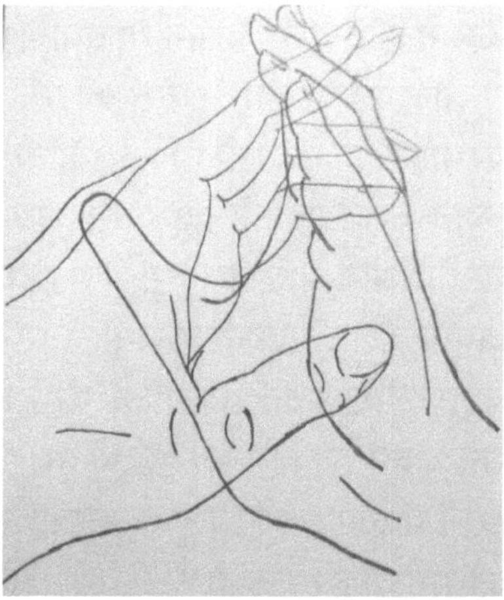

56

अश्रु धारा

ऐ अश्रु धारा, बह जा अपनी रफ़्तार से,
आज मैं रोकूँगी नहीं, बस तू बह जा।
साथ दिया तुमने हर पल, जब भी मैंने चाहा,
उफ़ भी न किया, जम कर बैठ गये इन नयनों में।
गालों पर आने की हिमाकत न की,
ऋणी हूं मैं तेरे सब्र की, जो मैं चुका न सकूँगी।
रुकने की गुज़ारिश की थी मैंने,
इसीलिए कहीं मेरे अपने और दुखी न हों,
जो पहले से ही दुःख के सागर में डूबे हुए थे।
गर तुझमें सब्र न होता, तो क्या थी मेरी औकात?
इस वक्त मैं हूं और मेरी तनहाई,
इसीलिए कहती हूं, आज तू बह जा।
रोककर रखने का एहसास है मुझको,
औरों के लिए संभले, सुलझे हुए हैं हम,
पर टूटे से बिखरे हुए हैं हम भी।
अब खुद के लिए संभलना है मुझे,
न जाने कितना समय लगेगा,
अपने कर्मों को भोगने के लिए।
यह जो हमारा जीवन है, बहता हुआ दरिया,
जिसको मिलना है सागर के साथ।

57

सूखा हुआ पत्ता

किसका है तुमको इंतजार इस बर्फीले तूफान में,
तुम्हारे साथी छोड़ चले हैं तुमको पतझड़ के मौसम में।
लगता है तुम झूम रहे हो, पर है यह तुम्हारी कंपकंपी,
कांप रहे हो तुम अकेले, इस एक पतली सी टहनी पर।
न कोई साथी, न ही सखा, जिसको परवाह हो तुम्हारी ,
पक्षी भी दूर से ताक रहे हैं तुम्हें,
जिनका कभी आशियाना थे तुम।
यह प्रकृति है, महा माया से भरपूर,
जो नचाती है सबको कर्मों के अनुसार,
कर्म बंधनों में फंसे हुए हैं हम सब,
चले जाते हैं वे, इस संसार को छोड़कर,
जिनके कर्मों का पूरा होता है हिसाब।
बाकी तो बस कतारों में करते हैं इंतजार
कब वह घड़ी आयेगी, जब बंधन मुक्त हो जाएगा,
यह भी तो बस अंत है नई शुरुआत का।

58

चेतना

ऐ मेरे मन, बैठ जा पल दो पल,
क्यों भटक रहे हो चारों ओर?
क्या खोज रहे हो पाने की चाह में?
इतना न तू बहता चला,
कहीं मंज़िल से ही न भटक जाओगे तुम।
बुद्धि, चित्त, अहंकार हैं तेरे साथ,
बुद्धि और चित्त को पीछे छोड़कर,
अहंकार ने तुम्हें घेर लिया है,
यही कारण है राग, द्वेष, और मोह का।
कहीं का न रखता है यह मन,
काबू से बेकाबू हो जाता है।
मैं चेतना कहती हूं, संभल जा तू मेरे मन,
यह चोला तो अब घिस गया है,
पता नहीं कब फट जाएगा।
किस्मत वाले हैं जिन्हें चोले में रहते ही
संभलने का मौका मिलता है।
चोला फटते ही चेतना बेदाग चली जाती है,
इसीलिए कहती हूं, बुद्धि से काम ले,
चेतना बेदाग है, उसे बेदाग ही रहने दे।

59

मां

मां एक दुआ है, मां एक वफ़ा है,
दर्द की दवा है, मुश्किल में आसान है।
सर्दियों की सुहावनी धूप है, गर्मी में घनी छाया है।
जिंदगी की पहली उस्ताद है, यही तो पहली दोस्त है।
मां हर गुनाह की माफी है, सच मानो तो जिंदगी ही है।
मां एक जोड़ है, दूर हो के भी पास का एहसास,
एक एहसास है, जिसके सहारे जीते हैं हम।
चाहे मां पास हो या दूर, फिर भी साथ पाते हैं उसे।
मां को जब इशारा मिलता है बच्चे आएंगे मेरे,
पलके बिछाकर इंतजार करती है उस पल का।
जब मिल जाते हैं तो निहारती रहती है मां,
अगली बार मिलने का वादा भी लेती है मां।
पीछे से सिर झुकाए, खिड़की से झांकती है मां,
कांपती आवाज में अलविदा कहती है मां।
जब तक नजर जाती, हाथों को लहराती है मां।
जब परेशानी में फंस जाते हैं हम कभी,
आंसू को पोंछने ख्वाबों में आ जाती है मां।
जब कभी हालातों की वजह से बच्चे
न मिल पाते, बहुत दुखी हो जाती है मां।

60

मन

ऐ मेरे मन, जरा तू ठहर जा
हवा से तेज़ है तेरी गति,
पानी से तेज़ है तेरा बहाव।
अपनी गति को थोड़ा धीमा कर,
मैं यह नहीं कहती कि तू ठहर जा,
पर जरा ठहर, सुन।
कल्पना का खजाना है तू,
भावना का भाव है तुझमें,
तुम से ही है मेरा अस्तित्व।
कभी भूत का अनुभव ताजा करते,
कभी भविष्य का अनुमान होता है तुमसे।
कभी तुम मचलते हो, चंचल बनकर,
बस इतनी इल्तिज़ा है मेरे मन, तुमसे।
जरा बुद्धि का सहारा लेकर,
चंचलता को छोड़कर, मेरे मन, तू ध्यान कर।
माना यह आसान नहीं है,
पर तू अभ्यास करने की ठान ले।
वह दिन दूर नहीं होगा जब तुम
बस में कर पाओगे इच्छाओं को।
मिलन हो सकता है आत्मा का परमात्मा से

61

अहम

मस्त थी मैं अपने आप में
शांति थी चारों ओर से
भय से मैं बेखबर थी
अहम मुझसे कोसों दूर था
जिंदगी चल रही थी अपनी रफ्तार से
कब आए, कैसे आए,
मुझे तो पता ही नहीं चला
गिनती में कम थे,
इसलिए शायद एहसास ही नहीं हुआ
खास जगह दी तुमको अपना मानकर
सोचा मेहमान हो, खुद ही चले जाओगे
पता न था, साथ लाओगे
तुम अपने मद और मोह को भी
डेरा जमा कर बैठोगे,
सर तुम मेरे ही चढ़ जाओगे
यह न समझना मैं तेरे झांसे में आकर
तेरी मनमानी सह लूंगी चुपचाप
उखाड़ कर फेंक दूंगी अपनी शक्ति से
जैसे कभी आए ही नहीं थे

62

सपना

यह ज़िन्दगी एक सपना है
जिससे हम हकीकत समझ बैठे हैं
कितनी जिन्दगियां जी चुके
हम एक ही जिन्दगी में
मां के गर्भ से लेकर आज तक
बचपन गुज़रा, जवानी गुज़री
बुढ़ापे ने दी है दस्तक
कुछ का हमें ज्ञात ही नहीं
कुछ का धुंधला सा आकार है
कुछ अभी भी ख्यालों में जी रहे हैं
कितने सम्बन्धों को जी चुके हैं हम
भिन्न-भिन्न मंजिलों पर
तरह-तरह की जिम्मेदारियों के साथ
हर कोशिश रहती थी बढ़िया निभाने की
वह भी देखते ही देखते छूट गए
कुछ सम्बन्ध साथ हैं, कुछ ने साथ ही छोड़ दिया
पुरानी मंजिलें भी पीछे छूट गईं
आगे ही बढ़ते गए नए मंजिलों पर
जो छूट गया वह सपना है

जो आज है वह हकीकत है
जिसे हम हकीकत समझ रहे हैं
वह भी कल किसी का सपना होगा
यह संसार है चलता ही रहेगा

63

कर्म बंधन

ज़िन्दगी एक बहता हुआ दरिया है
रुकना इसका काम नहीं
हर हाल में चलना इसका काम है
सफर कैसा भी हो, रुकावटें कितनी भी आएं
अनदेखा करके आगे निकलते रहना है
किस मुकाम से निकलकर
किन मुकामों को पार करके
कब अंतिम मुकाम पर पहुंचना
इसका किसी को ज्ञात नहीं
कर्मों को भोगने के लिए ही
जिन्दगियां बदलते रहते हैं जीव
अलग-अलग रिश्तों में बंध जाते हैं
लेन-देन जब तक रहता है
बंधे रहते हैं साथ में जीव
बंधन भी छूट जाते हैं
चुकता जब होता है यह लेन-देन
यह कर्म भी तो प्रकृति का ही खेल है
अगर खुद को फल का अधिकारी न समझकर
फल को ही अर्पित कर दें प्रकृति को
कर्म बंधन से मुक्त हो जाएगा जीव
मिलन जब होगा आत्मा का परमात्मा से
जीव को मुक्ति मिल जाएगी चोले के बन्धन से

64

बदलते मौसम

पतझड़ का मौसम था, हरियाली ने बस दम तोड़ ही दिया
पत्ते तो अभी हरे-भरे ही थे पर बिछुड़ गए थे
बिखरे हुए थे धरती पर असहाय बनकर
खाक हो जाने के लिए यही तो है काल का चक्कर
ये टहनियां ताक रही थीं एक-दूसरे को
अपरिचित सी थीं एक-दूसरे से साथ में रहकर भी
अपने ही पत्तों के शोरगुल से मस्त रहती थीं
हवा का जरा सा झोंका क्या आता था
ज़ूमती रहती थीं अपनी मस्ती में निडर होकर
पशु-पक्षी भी आया करते थे अपना प्रालभ भोगने के लिए
संयम था, आनंद था, संतोष था, साथ में शक्ति थी
इंतजार रहता था उत्साह के साथ मिलन के मौके का
वह भी जमाना था, यह भी अब जमाना आया
जब पतझड़ ने पेड़ को झंझोड़ कर रखा था
इस पर देखो जरा, ये चंद पक्षी मंडरा रहे थे
चारों ओर जो अंजान थे परिस्थितियों से
संघर्ष कर रहे थे आगे जीवन जीने के लिए
उधर एक अकेला पक्षी बैठा था दूर एक डाल पर
काफी देर से ताक रहा था प्रकृति के इस दृश्य को

शायद यह सुलझा हुआ पक्षी था
इसलिए उलझनों को रुखसत करके
आनंद ले रहा था निश्चित होकर
झूल रहा था एकांत सी टहनी पर प्रालब भागने के लिए

65

परमात्मा की रचना

कैसे रचा है परमात्मा ने प्रकृति को
सूरज, चांद, सितारे, अम्बर और धरती
बांध कर रखा है गुरूत्वाकर्षण से
इतना ही नहीं, सारे ही लोकों को
जिनका न है अनुभव हमें, न ही एहसास
सृष्टि का निर्माण हुआ परमात्मा और प्रकृति की देन से
किस अंदाज से पल-पल बदलता है इसका रूप
कैसी रची है यह कायनात
किस अंदाज से किया है इसका निर्माण
जीव-जन्तुओं को कैसे संवारा है
पंचभूत, मन, बुद्धि, अहंकार से
बनी है यह अद्भुत काया
किस कारीगरी से इसके अंदर
सजा कर रखा है अंगों को
किस ढंग से चलता है सारा कार्यक्रम
चाहे हम जागे हों या सोए हों, जरा सा हमें ज्ञात नहीं
किसी कारणवश, समय के अनुसार
बिगड़ जाता है कोई भी अंग
अस्त-व्यस्त हो कर रहती है यह काया
कर्मों का अनुभव करती है चेतना
समय आने पर विधा लेती है चेतना
ज्ञान और विज्ञान से परे है यह परमात्मा की रचना

66

जीवन एक रंगमंच

यह जीवन है एक रंगमंच
जीव-जन्तु हैं इसके किरदार
इस रंगमंच को सजा कर रखा है
प्रकृति ने अपने ही अंदाज से
कैसे, कब, कहां किस किरदार को
कैसे निभानी है अपनी भूमिका कर्मों के अनुसार
एक ही जीवन में एक जीव-आत्मा
कितने रूप बदलता रहता है
निशब्द सा बच्चा बाल अवस्था में
बदल जाता है, पता ही नहीं चलता
यह अवस्था भी बदल जाती है
लहराता सा यौवन दस्तक दे कर
अपना खेल खेलता है अपने ही अंदाज से
झूमता हुआ, उछल-उछल कर अपने में मस्त रहता है
सोचता है, मैं और मेरा साथ रहेगा हर दम
यह नहीं जानता कि आगे और एक पड़ाव है
यौवन को रुखसत करके बूढ़ापा दस्तक देता है
जीवन चलता रहता है बिना एहसास के
अपनी भूमिका निभाता रहता है

जीव-आत्मा कर्मों का साक्षी बन जाता है
एक अवस्था को छोड़ कर दूसरी अवस्था कब आई
अबोध सा बच्चा वृद्ध कैसे हुआ
जीवन अनुभव करके भी अनजान ही रहता है
यह तो प्रकृति का खेल है, अन्त को इसी में समा जाना है

67

इन्सान की फितरत

इंसान की फितरत भी लाजवाब है
इसका तो कोई भरोसा नहीं
पल भर तोला, पल भर माशा
यह इंसान तो वास्तव में नादान है
इच्छाओं के कारण मजबूर हो कर
बेकाबू हो जाती है मन की लगाम
मन रूपी सारथी गर खो जाता है अपना संयम
रथ किधर से आता है, कहां जाता है
इसका कोई अंदाज ही नहीं रहता
मान और अपमान की चिंता नहीं
न उम्र का लिहाज, न वक्त की नजाकत
इच्छा जब प्रबल हो जाती है
सोचने की शक्ति कहां खो जाती है
इसका तो कोई आभास ही नहीं रहता
इसीलिए कहते हैं इच्छाओं के घोड़े को
बुद्धि की लगाम से हर पल कसकर पकड़ना
ऐसा न हो जाए कि दल-दल में फंसकर
दुर्लभ हो जाएगा साहिल पर आना

68

फिज़ा

ऐ फिज़ा, आ बैठ जा संग मेरे
इस हरी चादर को फूलों से सजा दे
महका देना इन राहों को जिधर से आगमन होगा
हवा के रुख को भी बदलना उसी ओर
चले आते हैं नयनों में समा कर
मन में उतर जाते हैं वो हमारे
आवागमन है उनका आसान
जिस लोक से आते हैं, वहां
संसारिक सुविधाओं की आवश्यकता नहीं है उन्हें
हर सुविधा से परिपूर्ण हैं वे
याद करने की देर ही है हमारी
इसीलिए कहते हैं हम तुमसे, बैठ जा संग मेरे
मौका भी है और दस्तूर भी
लगना चाहिए उन्हें भी कि
इंतजार है हमें उनका संग तुम्हें लेकर
धीरे से चलने की आदत है उन्हें
शायद तुम्हें देख कर रफ्तार बढ़ा देंगे वे

69

आज का दिन

यह तो संसार है परमात्मा की देन,
कैसे सजाया है इसे प्रकृति ने।
कहां तक इसका विस्तार है, हमको कुछ ज्ञात नहीं,
कुछ हम देख पाते हैं, कुछ का है एहसास।
नज़रों से है वह दूर, वहां हमारी पहुंच नहीं।
संसार नश्वर है, पर आत्मा तो अजर है,
अपने कर्मों के अनुसार चोला बदलती रहती है।
सुना था बड़ी मन्नतों के बाद,
आज ही के शुभ दिन जन्मा एक बच्चा
उस मां-बाप की परवरिश में
जिनको था इंतजार बेसब्री से,
रखा था नाम उनका प्राणनाथ।
बड़े ही नाज़ों से पाला था उनको,
कैसे मनाया जाता था यह दिन,
एक के बदले तीन-तीन बार।
एक इंतजार होता था आज के दिन का,
उत्साह और उमंग के साथ कुछ न कुछ।
यादें जुड़ी हैं सबके जीवन में आज के दिन की।
कब बच्चे से यौवन, यौवन से बुढ़ापा आया,
उनको इसका कभी एहसास ही न था।
हर सफर को तय किया था बड़े ही प्यार से,
हर रिश्ते को निभाया था शिद्दत से।

आत्मनिर्भर थे वह, फिर भी उसका जिक्र न था,
काम करवाने का ढंग था उनका, वह भी बड़े प्यार से।
अपना बनाने की हुनर थी उनको,
इनकार करने का सवाल ही कहां उठता।
दुश्मनों को भी दोस्त बना सकते थे वह,
समय की पाबंदी थीं उनको,
कर्मठ थे वह अपने कर्मों को निभाकर।
रवाना हुए एक दिन इस संसार से,
परमानंद से बैठ होंगे परमधाम में।
माना आज हम तुमसे बहुत दूर हैं,
फिर भी श्रद्धा सुमन अर्पित करते हैं
हम तुम्हें आज के दिन,
अपनी भावनाओं से विश्वास की डोर बांधकर।

70

समय का चक्कर

नीला स्वच्छ है यह आकाश,
कहां से आरंभ और कहां इसका अंत, पता नहीं।
चांद, सूरज, तारे, बादल—सभी को
समय के अनुसार अपने आंचल में संभाल कर रखता है।
न किसी से राग, न ही द्वेष,
ये सब घूमते रहते हैं हर दिशा में, इसे अपना मानकर।
देखो न, इन बादलों को, कहां से उमड़ कर आ रहे हैं,
समुद्र से भाप बनकर, खुद को धूल के साथ मिलाकर,
सफेद बर्फ के गोलों की तरह सारे आकाश को घेरने लगते हैं।
कभी सूरज को, कभी चांद को, कभी तारों को
ढक लेते हैं अपनी सफेद चादर से।
पर दिशा तो समय के अनुसार बदल जाती है।
समय तो बलवान है; सूरज, चांद, और तारे
अपनी दिशा में उभर कर आ जाते हैं,
अपनी भूमिका निभाने के लिए।
बादल तो समय के अनुसार देखते ही रहते हैं,
अपने रूप को बदल कर घनघोर घटा बनकर,
धरती पर बरस कर अपने कर्तव्य को निभाते हैं।
यही प्रकृति का खेल है; जहां से उभर कर आते हैं,
अंत समय पर उसी में फिर समा जाते हैं।

71

झरना

समझ में नहीं आ रहा है, कहां से निकल कर
आए हो तुम, एक छोटा सा आकार लेकर।
लगता है कहीं ऊंचाइयों से आए हो तुम,
इन घने जंगलों के बीच से पहाड़ों को चीर कर,
धरती को छूकर, धरती पर बहने के लिए।
शायद तुम्हारे उत्साह और लगन को देखकर,
धरती ने तुम्हें अपने में ही समा लिया।
तुम तो गुमनाम थे धरती पर आने से पहले,
बाहर आकर तुम बहने लगे झरना बनकर।
तुम तो शांत स्वरूप हो वास्तव में,
संग तेरे तन और मन शांत हो जाता है।
भूल जाते हैं पल दो पल खुद को भी हम,
लगता है जैसे साधना में लीन हैं हम।
यह तो प्रकृति की देन है, जिसको
बना कर रखना हमारा कर्तव्य है।
प्रभु ने कैसी बनाई है यह कायनात,

किस अंदाज से जड़ और चेतन को सजा कर रखा है।
इस प्रकृति से समय-समय पर हमें सीखने को मिलता है।
इस झरने को ही देखो, कितनी कठिनाई से
पर्वतों को चीर कर धरती पर आया,
अपने स्वभाव के साथ शांत होकर बहने के लिए।

72

झील

प्राकृतिक रूप से अपेक्षाकृत पानी का भंडार,
बड़ा और स्थिर, न हिलने वाला होता है यह झील।
ग्लेशियर के पिघलने से शुष्क भूमि से घिरे समतल
स्थान पर स्थानीयकृत होती है यह झील।
समुद्र से अलग रहने की आदत है इसकी,
स्वच्छ, निर्मल, अमृत जैसे जल से भरपूर रहती है।
शांत रहने की आदत है इसे, पर हवा का रुख
हलचल मचा देता है इसके अन्तकरण में।
गर शांत स्वरूप है यह, पर दखलंदाजी न भाती है इसे।
चीड़ के पेड़ों की छाया मंजूर है इसे, पर चीड़ की सुइयों को
कोसों दूर भगाता है यह निर्मल, स्वच्छ झील।
माना शांत रहने की आदत है इसे, पर
किसी की घुसपैठ पसंद नहीं आती इसे।
जड़ों से ही उखाड़ने की कोशिश में लगी रहती है,
तेज रफ्तार वायु को अपने साथ जोड़ कर।
यह तो सीख है हम सबके लिए,
समय रहते ही इलाज ढूंढना चाहिए, वर्ना घुसपैठ
अंदर घुसकर घरवालों को ही बाहर कर देती है।

73

बंधन की डोर

ज़िंदगी एक सफर है सुहाना,
बंधे हुए हैं रिश्तों की डोर से,
बचपन में मां-बाप की डोर, ममता के साथ,
जवानी में गृहस्थ की डोर, प्यार के साथ,
बुढ़ापे में बच्चों की डोर, कृतज्ञता के साथ,
समाज में समाज की डोर, मानवता के साथ।
कई बार लगता है, बंध गए हम डोरों से,
सच मानिए, यही डोर समय-समय पर
उड़ने का कारण भी बन जाती हैं।
कर्म करने के लिए प्रेरित होकर
मानव धर्म निभाते हैं हम।
जब यह डोर कटी जाती है समय के अनुसार,
सकर्मों का भुगतान पूरा करने के बाद,
मानव मानव न रह कर धरती से
वायु के साथ उड़ कर ब्रह्मांड में मिल जाते हैं।
पहुंच से दूर रहते हैं वह परमधाम में,
ऊंचाइयों पर रहते हैं, पहचान नहीं पाते हम।
पर एक एहसास तो है, साथ जुड़ने के लिए।

ज़िंदगी एक सवाल है जिसका कोई जवाब नहीं,
मौत एक जवाब है जिसका कोई सवाल नहीं।
दोनों ही आगे-पीछे दौड़ते हैं आपस में विधा लेने के लिए,
मृत्यु आती है ज़िंदगी के बाद,
ज़िंदगी मिलती है मृत्यु के बाद, यही मेरा ख्याल है।

74

विश्वास की डोर

तुम्हें भूल जाऊं, यह मुमकिन नहीं,
तुम्हें पास पाऊं, यह हकीकत नहीं।
तुम्हारे एहसास को महसूस करती रहूं,
यह तो जायज़ है, जिसमें कोई बंदिश नहीं।
न यह वक्त का महोताज। न ही जगह की बंदिश,
बस होश-हवास कायम रहे,
एहसास के साथ, गर विश्वास हो,
हकीकत सामने आ सकती है कल्पना बनकर।
कल्पना के साथ, गर साधना हो,
मंजिल खुद ही मिल जाती है।
न हमें कोई मोह है, न ही कोई राग,
यह नश्वर है संसार, आना-जाना तो लगा ही रहता है।
उड़ जा अपनी रफ़्तार से परमात्मा की डोर के संग,
इस डोर को थाम के रखना, अगर पकड़ है तेरी मजबूत।
प्यार की नाजुक सी डोरी है यह विश्वास,
आत्मा को परमात्मा से भी मिलन हो सकता है।
विश्वास से यह दूरियां भी तय हो जाती हैं,
बस चाहत हो पाने की, साथ में दृढ़ संकल्प।
जरूरी नहीं कि शक्कर हमें दिख जाए,
पर शक्कर की मिठास को हम महसूस कर ही लेते हैं।

75

लालसा

तुम तो एक छोटे से बीज थे
धरती मे धस कर सुरक्षित, उसके अन्दर से
अंकुरित हो कर बाहर आ गये तुम
बाहर आते ही एक छोटा सा पौधा नज़र आया
हरी भरी पत्तियो से लदी हुए टहनियां खिलने लगी
एक टहनी अपनी रफ़्तार से ऊंचाई को छूने लगी
पत्तों से लदी हुई उपर से कालिया भी फूटने लगी
खुशी से झूम रही है हवा के संग फूलो के इन्तजार मे
आखिर कलियां फूटने लगी अहिस्ता अहिस्ता
फूलों का खिलना शरू हुआ अपने अंदाज से
टहनी खडी है किस अंदाज से इठलाती है अपने योवन पर
आखिर समय आ ही गया, फूलों ने जोर-शोर से खिलना शरु किया

तेज हवा के झोकों से बचा कर टहनी ने सम्भाला
कलियों को फूल का आकार लेने के लिए
आखिर की कली फूटने तक सीधी खडी थी यह
लम्बी सी टहनी जो आगे निकली थी फूलों की लालसा मे
जूं जूं फूल खिलने शरू हुए उपर की ओर से
टहनी का आकार कुछ बदला सा लगने लगा
झुकने लगी अब नीचे की ओर फूलों को भी साथ लेकर
कया झुक गई यह टहनी फूलों के बहार से

जिन की लालसा मे यह आगे निकली थी
या उम्र के आखरी पड़ाव ने झुका दिया
कुछ भी हो यह तो नश्वर जगत का खेल है
झड, जीव सब के लिए ही यही एक सच्चाई है

76

दुनिया बनाने वाले

संजो कर रखा था तुमने बगिया को,
बीज भी डालकर रखे थे तुमने।
समय अनुकूल सामग्री डालकर,
बस नाम मात्र खड़ा करके रखा था हमें।
जब कभी हिलने लगती थीं ये कलियां,
या गिर जाता था कोई पत्ता हवा के झोंके से,
घबरा जाता था यह चंचल मन।
सहारा ढूंढना चाहते थे हम इसे सीधा रखने के लिए,
कहीं झुककर इसका आकार बिगड़ न जाए।
पर यह तो हमारा वहम ही होता,
जो कभी-कभी अहम भी बन जाता।
कर्ता हम खुद को ही समझते थे,
यह न जान पाते थे हम कि कर्ता कोई और ही है,
जो दूर खड़ा है कहीं, निगाहें वहां तक जाती नहीं।
अज्ञान के पर्दे से ढकी हुई हैं ये निगाहें,
गर चाहिए वह चाहने वाला क्या कुछ नहीं हो सकता।
टेढ़े को वहीं से एक सुंदर सा आकार देकर,
उसकी काया को संवारकर, उसी ओर

आगे बढ़ाकर ढांचे को संभालकर,
दुनिया के सामने मिसाल बना देते है वह।
दुनिया देखती ही रह जाती है,
श्रेय के हकदार हम खुद को ही समझते हैं।
यही तो हमारी भूल है, जिससे हम बेखबर हैं।

77

समय का परिवर्तन

क्यों तुम आज बदले हुए से नजर आ रहे हो?
क्यों बदल गया है तेरा अंदाज ?
यह तो प्रकृति का खेल है,
चलता है अपने ही अंदाज से
याद कर तुम तो छोटे से बीज
धरती में धंस कर सुरक्षित उसके अन्दर थे
एक छोटी सी कली उभर कर बाहर आई
बाहर आते ही एक छोटा सा पौधा नजर आया
हरी भरी पत्तियों से लदी हुई टहनियां खिलने लगी
टहनियां अपनी रफ़्तार से ऊंचाई को छूने लगी
खुशी से झूम रह थे तुम हवा के संग
योवन था भरपूर चारों ओर हरियाली थी
वह अलग ही नजरिया था नजाकत से भरपूर
पर गम न कर यह तो समय का परिवर्तन है
साथ में कर्मों का खेल भुगतने है कर्मों के अनुसार
हंस कर गुजारोगे तो पता ही नही चलेगा
दुखी रहकर समय बहुत खींच जाता
समय गुजरने पर भी नहीं गुजरात
इसलिए समय का सदुपयोग करके तो देख
जीवन का पहर कैसे बीते पता ही नहीं चलेगा

78

अद्भुत पौधा

क्या कुछ नहीं छुपा इस धरती के आंचल में,
प्रकृति ने हर संसाधन दिया, कर दिया मानव को संपन्न।
अमृत भी है, विष भी है, फूल भी और कांटे,
नजर है जिस पर, वही जाने यह अनमोल खजाने।
छुपे थे कब से, यह नन्हे पौधे दरिया के किनारे,
आम सा रास्ता, पर नजर थी कुछ और प्यारे।
जम्मू की धरती पर, पाया यह अनोखा जीवन,
मटमैले सफेद फूल, पीले रंग से सजी एक छवि सजीव।
पत्तियाँ जो गहराई से निकलती, तिहरी सिर की नोक,
तेज धार जैसे तीर, यह रूप निराला और अनोखा।
फल भी हैं, नन्हे-नन्हे बालों से खुद को ढकते,
किसी कारण से यह प्रकृति के गोद में सजते।
जानकारी का अभाव, पर उद्देश्य है यहां जरूर,
किसने जाने कब किसका बने यह अनमोल दस्तूर।
रानी मगोत्रा जैसी ज्ञाता, जिन्होंने किया इसका अध्ययन,
वनस्पति जगत की रानी, हर प्रश्न का समाधान।
कैसे संजोएं, कैसे संभालें, इसका उपयोग कैसे करें,
जानकारी उसी के पास है, जिसने इसको पहचानें।
धरती का यह अद्भुत उपहार, क्यों खिलता यह अज्ञात,
शायद कभी मिलें उत्तर, जो खोले इसके रहस्य की बात।

79

निस्वार्थ प्रेम

लंबी सी पूंछ, चमकीली आंखें,
बीच में एक सुंदर सा लंबा सफेद टीका।
कार्य कठिन था दोनों के लिए,
पर परालब्ध, विश्वास और प्रेम ने
एक संबंध का एहसास जगा दिया।
कैसे एक छोटे से बालक के मन में
इच्छा ने पहले से ही जमाया था डेरा,
लाया उसको अपने घर में, नाम रखा अल्फा (Alpha)।
बड़े ही नाजों से पाला इसको,
इस नन्ही सी जान को सिखाया
ढंग से रहने के तौर-तरीके।
समय के रहते ही जीत लिया अल्फा ने सबका मन,
छोटा सा दिल, जिस में बहुत सा प्यार।
हर पल साथ, हर दम तैयार,
आंखों में चमक, मुंह पर हंसी।
दुनिया चाहे कितना भी बदल जाए,
यह कभी न भुलाए अपनी वफादारी।
रात हो या दिन, गर्मी हो या सर्दी,
इसके प्रेम मे न आए कोई कमी।
एक नजर में समझ जाता दिल की बात,
जैसे हो कोई करीबी साथी।
सुख-दुख का होता है साथी,

न कोई स्वार्थ, न ही कोई चाहत।
बस प्यार ही प्यार, न कोई विचार।
वह दौड़े, खेले, थक जाए या देर से मिल जाए,
बस चाहता है अपनापन और थोड़ा सा प्यार।

80

बुढापा

धीरे-धीरे गुजरता वक्त,
उम्र ढल जाती वक्त के साथ-साथ
ले आता है जीवन में एक मोड़,
जहां बाल सफेद, चाल धीमी,
और आँखों में बसती है थकी सी झलक।
कभी जो हाथ मजबूत थे,
अब काँपते से लगते हैं,
कभी जो हंसी खिलखिलाती थी,
अब कुछ उदास सी हो जाती है।
शरीर थकता है, पर दिल जवान रहता है,
सपने अब भी हैं, पर हिम्मत हार जाता है।
यादों की गठरी भारी हो जाती है,
आज का कार्य चाहे भूल भी जाए
पुरानी कहानियाँ पल-पल दोहराता है।
हकीकत से कभी-कभी होता है अनजान,
काम करवाना चाहता है अपने ढंग से,
स्नेह और साथ का करता है इंतजार।
यह जीवन की सच्चाई है,
बूढ़ापा हर किसी पर आता है,
पर इसमें भी एक गहराई है,
अनुभवों का खज़ाना जो संग लाता है।
आखिर में बस यही सिखाता है,

कि समय के साथ सब बदल जाता है,
पर बूढ़ापे की इस सच्चाई में
जीवन का सारा सार छिपा होता है।

लेखक परिचय

मोहिनी जी का जन्म 1946 में श्रीनगर कश्मीर के एक सम्मानित परिवार में हुआ। आप के पिता जी एक समर्पित शिक्षक थे। आप बाल्य अवस्था से ही अपने माता-पिता से बहुत प्रभावित थी। छह भाई- बहनों के परिवार मे पली-बढ़ी एक लडकी के संघर्ष ने उसे सफलता तक पहुँचाया। साधन सिमित थे लेकिन आकांक्षाएं असीमित थी। इसी प्रष्टभूमि मे एक लडकी ने एक प्यारी बेटी/ बहू, देखभाल करने वाली बहन, परिपक्व पत्नी, एक स्नेही मां और एक मित्र के रूप मे पहचान बनाई।

15 वर्ष की आयु में आपने सरकारी कार्यालय में कार्य करना आरंभ कर दिया, लेकिन शिक्षा की महत्ता को समझते हुए अपनी पढ़ाई को भी जारी रखा। 1965 में आप कश्मीर यूनिवर्सिटी में सहायक व्याख्याता के रूप में कार्यरत रहीं। नौकरी के साथ-साथ 1968 में आपने राजनीति विज्ञान में स्नातकोत्तर उपाधि प्राप्त की। इसी वर्ष आप विवाह बंधन में बंध गईं, और पारिवारिक जिम्मेदारियों को निभाते हुए, प्रकृति एवं मानव- समबनधों के प्रति आपकी जिज्ञासा उत्तरोत्तर विकसित होती गई।

1973 में आपने अपनी नौकरी से त्यागपत्र देकर हमेशा के लिए दिल्ली में बसने का निर्णय लिया। इसके बाद आपने अपने परिवार और बच्चों की परवरिश में स्वयं को पूर्ण रूप से समर्पित कर दिया। बचपन से ही कविता लिखने का शौक था, और बच्चों

के बड़े होने के बाद आपके पास रचनात्मकता के लिए पर्याप्त समय था। कश्मीर की वादियों में बिताए हुए सुहाने पल, पर्वतीय प्रदेशों का भ्रमण, पूर्वोत्तर भारत के सुंदर प्राकृतिक दृश्य, विदेश भ्रमण, और वहां की प्रकृति की सौंदर्यता, आपके बदलते हुए संबंधों के अनुभव, सभी आपकी कविताओं के आवर्ती विषय बन गए। रिश्तों की गर्मजोशी, प्रियजनों की यादें, तीज-त्योहार के मधुर पल, पारिवारिक प्रेम, जीवन-मरण, सुख-दुख—ये सभी आपकी कविताओं के प्रमुख विषय हैं।

मोहनी जी की कविताएं पाठकों को उनके जीवन के अनमोल क्षणों और रिश्तों की गहराइयों से जोड़ती हैं। उनकी रचनाएं - प्रेम, प्रकृति, और मानवीय संवेदनाओं का एक सुंदर संगम हैं, जो हमें जीवन की गहराइयों को समझने और सराहने का अवसर प्रदान करती हैं। उनकी कविताओं में छिपी सादगी और गहनता, हर पाठक को अपने भीतर के अनुभवों से जोड़ देती है, और यही उनके लेखन की सबसे बड़ी खूबसूरती है।

www.ingramcontent.com/pod-product-compliance
Lightning Source LLC
LaVergne TN
LVHW040038051026
849525LV00003B/1186
* 9 7 9 8 8 9 5 8 8 1 1 4 9 *